RE-PENSANDO O NOSSO MUNDO
DEZ TEMAS ESSENCIAIS PARA O FUTURO DA HUMANIDADE

REPENSANDO O NOSSO MUNDO

DEZ TEMAS ESSENCIAIS PARA O FUTURO DA HUMANIDADE

MAJA GÖPEL

Tradução de
Kristina Michahelles

1ª edição

EDITORA RECORD
RIO DE JANEIRO • SÃO PAULO

2022

CIP-BRASIL. CATALOGAÇÃO NA PUBLICAÇÃO
SINDICATO NACIONAL DOS EDITORES DE LIVROS, RJ

G666r

Göpel, Maja
    Repensando o nosso mundo: dez temas essenciais para o futuro da humanidade / Maja Göpel; tradução Kristina Michahelles. - 1. ed. - Rio de Janeiro: Record, 2022.

    Tradução de: Unsere welt neu denken
    Inclui bibliografia
    ISBN 978-65-5587-453-2

    1. Economia mista. 2 Desenvolvimento sustentável. 3. Desenvolvimento econômico - Ambiental. I. Michahelles, Kristina. II. Título.

22-76129
                                           CDD: 330.126
                                           CDU: 330.34

Gabriela Faray Ferreira Lopes - Bibliotecária - CRB-7/6643

Copyright © Ullstein Buchverlage GmbH, Berlin 2020

"Algumas organizações e redes da sociedade civil — No Brasil": seleção de Kristina Michahelles.

Título original em alemão: Unsere Welt neu denken.

Todos os direitos reservados. Proibida a reprodução, armazenamento ou transmissão de partes deste livro, através de quaisquer meios, sem prévia autorização por escrito.

Texto revisado segundo o novo Acordo Ortográfico da Língua Portuguesa.

Direitos exclusivos de publicação em língua portuguesa somente para o Brasil adquiridos pela
EDITORA RECORD LTDA.
Rua Argentina, 171 – Rio de Janeiro, RJ – 20921-380 – Tel.: (21) 2585-2000,
que se reserva a propriedade literária desta tradução.

Impresso no Brasil

ISBN 978-65-5587-453-2

Seja um leitor preferencial Record.
Cadastre-se no site www.record.com.br
e receba informações sobre nossos lançamentos
e nossas promoções.

Atendimento e venda direta ao leitor:
sac@record.com.br

*Para Juna e Josephina,
minhas filhas maravilhosas.*

Sumário

1. Um convite   9
2. Uma nova realidade   19
3. Natureza e vida   29
4. Ser humano e comportamento   41
5. Crescimento e desenvolvimento   55
6. Progresso tecnológico   71
7. Consumo   85
8. Mercado, Estado e bem comum   99
9. Equidade   113
10. Pensar e agir   131

Agradecimentos   139
Notas e fontes   141
Bibliografia   153
Algumas organizações e redes da sociedade civil   157

1
Um convite

"Em meados do século XX, vimos pela primeira vez o nosso planeta a partir do espaço. No futuro, historiadores talvez concluam que essa imagem teve mais impacto em nossa mente do que a revolução de Copérnico no século XVI, que baniu a Terra do centro do universo e abalou o pensamento humano."

Do Relatório Brundtland da Comissão Mundial para
Meio Ambiente e Desenvolvimento das Nações Unidas

Londres, outubro de 2019. De manhã cedo, bem na hora do rush, dois homens escalam o teto de um vagão de metrô, impedindo-o de deixar a estação. Os passageiros que querem ir para o trabalho se veem diante de vagões com as portas fechadas. A ação paralisa tudo, aumenta a confusão e a barulheira. Enquanto as pessoas se dão conta de que chegarão atrasadas e se irritam cada vez mais, os homens lá no alto desenrolam uma faixa onde se lê: *Business as usual = death*, ou seja, continuar tudo do mesmo jeito significa a morte.

No caso dos passageiros, continuar do mesmo jeito significa ir para o serviço — para um escritório ou uma fábrica, sentar-se diante do computador, participar de reuniões, operar máquinas, produzir ou encomendar algo para aumentar o faturamento e o lucro da empresa, contribuindo para o crescimento a fim de assegurar o próprio emprego e a sobrevivência, pagar o aluguel do mês, a fatura do cartão de crédito e comprar algo para si ou para os filhos. Em suma: continuar do mesmo jeito como todos conhecemos e estamos acostumados a fazer.

E por que isso pode ser errado ou mesmo mortal?

Os dois homens que, naquele dia outonal em Londres, escalaram o teto de um vagão fazem parte de um grupo de ativistas ambientais chamado Extinction Rebellion ("Rebelião contra a Extinção"). A extinção contra a qual se rebelam não é apenas de espécies animais que acompanhamos em crescente velocidade. Não se trata só de baleias, abelhas ou ursos-polares. Sem qualquer ironia, refere-se à extinção da própria espécie humana. Nós, portanto.

Comparando com Greta Thunberg — a garota que, com uma greve escolar, desencadeou um dos maiores movimentos de protesto da história da humanidade —, os ativistas do Extinction Rebellion são defensores do clima e do meio ambiente que praticam a desobediência civil.* Também reivindicam que os políticos finalmente tomem decisões sustentáveis para frear o aquecimento global, apresentando propostas concretas. Mas não se limitam aos protestos. Bloqueiam processos públicos, muitas vezes usando roupas coloridas e obedecendo ao princípio de sempre se manterem gentis. Naquele dia em Londres, centenas de ativistas bloquearam ruas, acorrentaram-se a pontes ou ficaram plantados no saguão de um aeroporto. Sem o uso de violência, quiseram interromper para o maior número possível de pessoas aquilo que, segundo eles, é a verdadeira razão do aquecimento global e da destruição crescente da vida: o nosso cotidiano normal.

Para as pessoas que se veem impedidas de embarcar naquela manhã, aquilo é tão difícil de suportar que acabam atirando sanduíches e bebidas nos dois ativistas. Como isso não adianta, um dos passageiros sobe e puxa os homens de cima do trem para a plataforma, onde são espancados pela multidão enfurecida antes mesmo que a polícia possa intervir e finalmente prendê-los.

---

* Minha intenção é mostrar o protesto da desobediência civil gentil. Mas mantenho distância de certas afirmações de precursores do movimento da Inglaterra.

UM CONVITE

O que estava em jogo naquele confronto não era um pedaço de pão, um gole de água limpa, um teto para morar ou o último litro de gasolina. Tratava-se apenas de um atraso de alguns minutos no caminho para o trabalho. Uns querem salvar o mundo, outros querem ir para o escritório. Uns querem romper com os hábitos, outros se apegam a eles. E embora se deva reconhecer que, para todos os grupos, é a sua sobrevivência e a de seus filhos o que está em jogo, uma preocupação parece excluir a outra. Parece que um precisa perder para que o outro possa ganhar. Existe apenas isso ou aquilo, "nós" ou "eles".

Será assim o futuro em tempos de mudanças climáticas?

Será assim nossa vida? Serão assim nossas lutas?

No nosso mundo atual, os sistemas que ao longo de décadas funcionaram de maneira confiável, abastecendo a humanidade dia após dia (e cada vez mais) com energia, medicamentos e segurança, estão sob pressão quase simultaneamente. Esses sistemas marcaram uma época em que havia cada vez mais de tudo. Era uma época de prosperidade, mesmo para os mais pobres. De progresso, em todas as áreas das ciências e da técnica. De paz, mesmo entre países com sistemas políticos completamente diferentes. Quando temos cada vez mais, a questão da distribuição não pesa tanto. O espanto diante do fato de que essa época um dia pode acabar de vez, a resistência que a mera ideia disso desencadeia e a perplexidade sobre o que pode vir depois mostram o quanto nos acostumamos a esse estado e de que maneira o consideramos normal. Aquilo que na geração de nossos pais ainda era um privilégio já se tornou o cotidiano da maioria das pessoas.

Ao mesmo tempo, percebemos que "continuar do mesmo jeito" não vai funcionar.

Não se trata apenas da mudança do clima, do plástico boiando nos oceanos, da floresta em chamas ou da pecuária industrial. Trata-se também dos aluguéis explosivos nos centros urbanos, dos mercados financeiros enlouquecidos, do abismo cada vez maior entre ricos e pobres, dos crescentes casos de estresse (síndrome de burnout) e das consequências complexas e incontroláveis da engenharia genética e da digitalização. Há muito tempo já se instalou em nossa percepção de mundo a sensação de fim de uma era. Nosso presente parece frágil, enquanto o futuro parece avançar inexoravelmente rumo àqueles cenários que conhecemos dos filmes apocalípticos. As utopias tão incentivadas pela modernidade viraram distopias. Nossa confiança no futuro se tornou preocupação e medo. O que antes prometia soluções boas e elevado nível de conforto em menor escala se tornou ameaça em nível global. A suspeita é de que estamos diante de grandes convulsões: o que virá a ser não pode ser explicado com o que é agora. As obviedades e as receitas prontas se esvaem. Cada nova resposta a um problema parece agravar o próximo.

Dessa forma, aumentam as discussões sobre qual problema deve ser resolvido primeiro. Porém: e se encontrássemos alavancas para resolver vários problemas ao mesmo tempo? Alavancas que questionam muitas certezas, mas que nos permitissem moldar proativamente um futuro desejado, em vez de nos defendermos reativamente de um futuro ruim?

Convido você a explorar essas ferramentas. Porque futuro não é algo que cai do céu e que simplesmente acontece. Em todo lugar, o futuro é sempre o resultado das nossas escolhas.

Portanto, gostaria de convidá-lo/convidá-la a olhar mais de perto para o mundo em que você, eu, todos nós vivemos, a fim de repensar o que é possível nele. A humanidade já fez isso várias vezes ao longo da história, geralmente em épocas de crise. Muitos avanços tecnológicos nasceram da necessidade de encontrar alternativas, como foi o caso das energias renováveis. Muitas transformações sociais surgiram da convicção de que as coisas também podem ser planejadas de outras maneiras. Hoje, por exemplo, mulheres já podem votar e governar países.

As reviravoltas atuais são de uma magnitude que abrange não apenas partes das sociedades, mas ela como um todo. A ciência as descreve como grandes transformações e abrangem processos econômicos, políticos, sociais e culturais — ressignificando, assim, a maneira como olhamos para o mundo. Os exemplos mais citados são a Revolução Neolítica e a Revolução Industrial, que ocorreu muito mais tarde. No primeiro caso, pequenos grupos nômades se assentaram, transformando-se ao longo do tempo em sociedades agrárias feudais. No segundo caso, foi sobretudo o uso de combustíveis fósseis que reorganizou a economia e a sociedade de um modo completamente diferente, com a entrada em cena da burguesia e dos Estados-nação.

Nosso mundo atual difere fundamentalmente daquele de 250 anos atrás, quando começou a Revolução Industrial. No entanto, continuamos buscando soluções, usando o mesmo olhar daquela época. Esquecemos de testar os nossos padrões de pensamento quanto à sua adequação ao presente. Questioná-los, agora, abre espaço para vislumbrar as alavancas com que podemos superar a crise e moldar o futuro do século XXI.

Este livro, portanto, não é sobre mudanças climáticas. Não trata de quantos graus a temperatura média da Terra aumentará nos próximos anos e que consequências isso trará para a vida em nosso planeta. Não informa sobre calotas polares derretidas, sobre o aumento constante do nível do mar ou sobre áreas inabitáveis por terem sido inundadas, desertificadas ou atingidas por tempestades devastadoras. Não fala sobre a maior extinção de espécies desde o fim dos dinossauros, da acidificação dos oceanos, da escassez de água, da fome, de epidemias e fluxos de refugiados ou um dos inúmeros outros cenários sobre os quais cientistas do mundo inteiro vêm alertando há décadas e que podem chegar muito mais rapidamente do que eles próprios imaginaram, cenários que vêm sendo relatados em estudos novos.

Não sou especialista em clima. Sou uma cientista social com foco em economia política. Analiso como as pessoas fazem negócios e de que forma convivem, como se relacionam com a natureza e com outras pessoas, como lidam com recursos, energia, materiais e mão de obra. Que regras observam para organizar o trabalho, o comércio e o fluxo de dinheiro, que tecnologias desenvolvem e como as empregam. Acima de tudo, tenho interesse em saber por que surgem as soluções e por que razão alguns conceitos prevalecem, e outros não. Quais são as ideias, os valores e os interesses por trás? De onde vêm? Como se transformam nessas teorias poderosas que hoje não apenas determinam a nossa economia como também o nosso pensamento, as nossas ações e nossas vidas em geral, às vezes até os nossos sentimentos? E por que as ideias arraigadas nessas teorias nos últimos 250 anos não são necessariamente úteis para transformar a crise dos nossos ecossistemas e das nossas sociedades em oportunidades para o futuro?

A impressão é a de que o nosso sistema econômico se desenvolveu naturalmente, da mesma forma que a flora e a fauna evoluíram sem nosso envolvimento. Mas os sistemas feitos pelos humanos funcionam de um jeito diferente. Avaliamos fatos, estabelecemos regras e, assim, vamos transformando a nossa situação. Essa mudança pode ser cultural, relacionada ao mercado ou simplesmente uma fronteira nacional. Quase sempre vários fatores confluem. Ainda que dificilmente possamos perceber ou rastrear essa parte criativa de nossa realidade na vida cotidiana, uma vez que ideias e inovações há muito se tornaram banalidades, leis, instituições ou hábitos, o fato é que o mundo, tal como o conhecemos e construímos, é fruto de regras criadas por nós mesmos.

Portanto, se quisermos entender como a humanidade empurrou o planeta (o único que temos) para a beira do abismo em um lapso de tempo de apenas duas gerações, temos que voltar a nos conscientizar das ideias, estruturas e regras.

E o que significa "conscientizar"?

Significa perceber o que estamos fazendo e por quê. Em ciência, chamamos isso de abordagem reflexiva. Eis aí uma oportunidade para aprender. Pois quem não questiona o que faz e por que o faz jamais poderá decidir agir de outra maneira. Se não estivermos abertos para alternativas, a nossa resposta a novos problemas costuma ser tão somente uma cópia do que já conhecemos.

Questionar a fundo e experimentar respostas divergentes significa recuperar a liberdade e o poder criativo. Oferece a chance de criar novos originais em tempo hábil, em vez de enfrentar sempre os desafios com ajuda de cópias antigas. É por isso que adoro ser cientista. E é por isso que escrevi este livro. Ele não é um compêndio de detalhes, fatos, números e diferenças entre diversos modelos e previsões, e sim a tentativa de apresentar as grandes linhas das mudanças perceptíveis da forma mais acessível possível, oferecendo algumas ideias e perspectivas que fazem a mediação entre posições aparentemente contraditórias, para que tenhamos alguma orientação no processo de busca de um futuro comum sustentável.

Cresci num vilarejo perto da cidade de Bielefeld, na Renânia do Norte-Vestfália, onde meus pais e alguns amigos que também tinham filhos haviam reformado uma antiga fazenda. A casa era tão grande que cada família tinha seu espaço, mas passávamos todo o tempo juntos. Até hoje considero os filhos dos amigos dos meus pais como irmãos. Frequentávamos a mesma escola recém-fundada onde, em vez de notas, ganhávamos pareceres sobre nosso aprendizado. Quando voltávamos para casa, à tarde, os adultos se revezavam para tomar conta de nós enquanto os outros trabalhavam. Brincávamos em um trailer no jardim pintado com as cores do arco-íris. Nem preciso dizer que éramos considerados hippies, embora todos os adultos exercessem profissões convencionais. Meus pais eram médicos na área de prevenção de doenças e especialistas em traumas. Ambos são até hoje membros da Associação de Médicos Internacionais para a Prevenção da Guerra Nuclear (IPPNW, na sigla em alemão).

Portanto, tive uma infância nada típica para os anos 1980 na Alemanha. Mesmo assim, por causa da mistura diversificada de trajetórias em nossa escola, sempre tive consciência do privilégio de crescer naquela fazenda ecossocial. Embora não gostasse tanto dos hambúrgueres vegetarianos e preferisse Coca-Cola, não sentia falta de carne, só mesmo de leite, de castanhas e de cogumelos. Foi logo depois do acidente de Chernobyl. Lembro-me ainda muito bem do sacão de leite em pó na despensa e do alerta para não passear pelos campos nos primeiros dias após o acidente. Ainda se desconhecia a extensão da radiação. Foi estranho, sobretudo por se tratar de um perigo invisível. Alguns anos depois irrompeu a primeira Guerra do Golfo. Para protestar pela paz, bloqueamos uma praça em Bielefeld junto com outros escolares. Foi quando eu me perguntei: se todas as pessoas querem amor, paz, superação da pobreza e um ambiente bonito e seguro, por que simplesmente não fazemos isso?

O que nos impede, enquanto sociedade, de fazê-lo?

Encontrar respostas para esse paradoxo talvez seja o motivo que me move mundo afora até hoje. Estudei na Alemanha, na Espanha, na Suíça e no Canadá. Fiz um mochilão pela América do Sul e pelos Estados Unidos. Trabalhei como voluntária para o Bund für Umwelt und Naturschutz Deutschland (Associação para o Meio Ambiente e Proteção da Natureza na Alemanha). Conheci Hong-Kong, o México, participei de conferências mundiais de comércio, cooperei com a rede internacional Our World is Not For Sale (Nosso Mundo Não Está à Venda). Para a fundação World Future Council (WFC), trabalhei com pioneiros em sustentabilidade de todo o mundo, desenvolvendo recomendações de políticas para melhor proteção dos interesses e direitos das gerações futuras, fazendo lobby nas Nações Unidas, em Nova York, e na União Europeia, em Bruxelas.

Quando me tornei mãe, decidi trabalhar no Instituto de Wuppertal para Meio Ambiente, Clima e Energia. Ali, pude juntar muitas das minhas experiências práticas com abordagens da pesquisa de transformação (*Transformationsforschung*) e processá-las na teoria. Sempre tive um pé na ciência, mas nunca pretendi alcançar o saber para compartilhá-lo apenas com um pequeno grupo de outros especialistas e tomadores de decisão. Sempre foquei na sociedade como um todo, geralmente ali onde pessoas se entusiasmam para além de seu próprio bem-estar e dão tudo de si. Aprendi muito com elas, sempre me esforçando para fazer esses conhecimentos fluírem para a minha atividade científica.

Hoje em dia trabalho como secretária-geral do Conselho Científico do Governo Alemão para Mudanças Ambientais Globais (Wissenschaftlicher Beirat der Bundesregierung für Globale Umweltveränderungen, WBGU). Trata-se de um grêmio de especialistas independentes que regularmente reúne os principais cientistas para falar sobre tendências ambientais e de desenvolvimento, para que os tomadores de decisão política possam se orientar. Invisto boa parte do meu tempo em comunicar os resultados, para fazê-los chegar ao maior número possível de pessoas. Pois justamente nos tempos supostamente pós-factuais eu sigo sendo uma humanista inveterada que acredita na força do saber e da consciência. Creio na possibilidade de compreender e investigar as raízes de mal-entendidos para que as pessoas possam se encontrar fora de seus papéis tradicionais. Por isso, em março de 2019, junto com um reduzido grupo de cientistas, fundei a iniciativa Scientists for Future (S4F) e escrevi uma carta aberta de apoio aos protestos dos jovens nas ruas, considerando-os justificáveis por uma série de fatos. Jamais teria imaginado que, no decorrer de apenas três semanas, um total de 26.800 cientistas da Alemanha, da Áustria e da Suíça assinariam essa carta. Ou que ela se tornaria um sucesso nas redes sociais.

Consideramos ser nossa responsabilidade oferecer propostas para novos modelos nesta era de rupturas. Vejo uma oportunidade incrível na disposição de se informar e de questionar certezas. Isso não resolveu ainda o paradoxo da minha juventude, mas já criou a condição mais importante para transformações: um novo espaço de possibilidade se delineia.

As crises globais no meio ambiente e na sociedade não são casuais. Revelam como lidamos conosco e com o planeta no qual vivemos. Se quisermos dominar essas crises, precisamos nos conscientizar das regras segundo as quais construímos nosso sistema econômico. Só quando as identificarmos, poderemos modificá-las e reconquistar a nossa liberdade.

2
Uma nova realidade

"A ciência faz parte da realidade da vida; abrange o 'que', 'por que' e 'como' de todo o universo das nossas experiências. É impossível compreender o ser humano sem compreender o seu meio ambiente e as forças que o marcaram física e mentalmente."

Rachel Carson, bióloga marinha

Na manhã do dia 21 de dezembro de 1968, os astronautas americanos Frank Borman, William Anders e James Lovell partem do Kennedy Space Center, na Flórida, para o espaço. O objetivo da missão é dar a volta na Lua e fotografar a sua superfície para uma futura descida. Mas como a Apollo 8 também pretende passar pelo outro lado do corpo celeste, que sempre fica oculto e jamais foi visto por nenhum ser humano, espera-se que os três voltem com uma imagem completamente diferente da Lua.

Já estão em sua quarta volta, pouco antes de sair da sombra da Lua, quando o comandante da nave, cuja ponta até agora sempre esteve voltada para a superfície lunar desconhecida, vira-se e, de repente, vê a Terra surgir em uma janela lateral.

"Oh, meu Deus!", diz William Anders. "Vejam isso. É a Terra nascendo. Cara, como é bonito!"

No áudio do rádio de bordo, que pode ser encontrado na internet, podemos escutar muito bem como William Anders, que àquela altura ainda tem um filme preto e branco na câmera fotográfica, pede nervosamente aos colegas um filme em cores, e eles perguntam repetidas vezes se ele de fato conseguira tirar a foto.[1]

"Tem certeza de que conseguiu tirar?"

"Tira mais uma, Bill!"

A foto feita por William Anders mostra uma esfera de um azul brilhante marmorizada com tufos de nuvens brancas e que deixam entrever de vez em quando o bege e o verde dos continentes. Essa, então, era a nossa pátria, um pequeno planeta quase frágil envolto pelas trevas negras infindáveis do universo, o único planeta do sistema solar no qual existe vida. Frank Borman, William Anders e James Lovell haviam partido em busca de novas imagens da Lua. Voltaram com uma nova imagem da Terra.

A foto, que depois seria publicada pela NASA com o poético título de *Earthrise* [O nascimento da Terra], não é apenas considerada hoje uma das fotografias mais significativas da humanidade. É também a imagem ambiental mais influente jamais clicada. A razão é simples: em uma única foto, todo o nosso meio ambiente é retratado. Não dispomos de outro planeta.

No fundo, a foto não descreve nada que a humanidade àquela altura já não soubesse havia quinhentos anos. Que a Terra não é plana é algo que todos sabiam no mínimo desde a primeira circum-navegação. Bem como a descoberta de que a Terra não é o centro do universo, nem o ser humano, o centro de todas as coisas. Mas a finitude e o caráter único dessa bola terrestre nunca antes tinha sido tão palpável. Pois a impressão cotidiana não transmite as correlações mais amplas.

A imagem que temos de alguma coisa, portanto, não necessariamente nos conta o que essa coisa é. Antes, conta-nos como as pessoas se aproximam dessa coisa. Essa é a diferença, e ela não é de todo insignificante. É tão grande que dá origem a quase todos os problemas com os quais lidamos hoje em dia.

UMA NOVA REALIDADE

Quando a missão Apollo 8 partiu rumo à Lua no final de 1968, havia na Terra 3,6 bilhões de pessoas. No fim de 2019, nosso corpo celeste abrigava mais de 7,7 bilhões de humanos. Em apenas cinquenta anos, a quantidade mais do que dobrou. É fácil escrever isso e citar esse tipo de dados sobre o crescimento populacional. Mas o que nos dizem os números? Sair de 3,6 bilhões para 7,7 bilhões em cinquenta anos é rápido ou devagar?

Uma comparação pode nos ajudar a pensar.

Se imaginarmos a história da humanidade — dos primeiros espécimes do *Homo sapiens* na África, há 300 mil anos, até hoje — como um filme, levaria quase todo o tempo desse filme até que o homem se assente e desenvolva a agricultura e a pecuária. Até a população da Terra atingir o número de pessoas de 1968, o filme praticamente já terminou. De repente, no último segundo antes de rolarem os créditos, a população dobra.

Em outras palavras: é muito, muito, muito rápido.

Mas esse nem é o ponto.

Não se trata só do fato de a população atual no planeta ter duplicado em cinquenta anos. A maioria das pessoas precisa de muito mais espaço do que seus antecessores, especialmente nos países que tiveram um desenvolvimento econômico bem-sucedido. Para se certificar, basta acionarmos nossa memória ou pedirmos aos nossos pais que contem como a família vivia cinquenta anos atrás. Onde passavam as férias? No exterior? Quantas vezes ao ano? Iam de avião ou de carro? A família tinha carro? Ou mesmo dois? Qual o tamanho do apartamento ou da casa? Cada filho tinha seu próprio quarto, sua própria TV? Quantas peças de roupa enchiam os armários? Quantos eletrodomésticos havia no lar? E quantos daqueles que hoje usamos com tanta naturalidade nem quer existiam ainda? Quantas vezes por ano os parentes compravam roupa ou móveis novos? Os objetos eram fabricados em países longínquos, de onde precisavam ser trazidos?

Em suma: o que era normal para as pessoas há cinquenta anos, e o que é normal para nós hoje? Quantas fábricas, usinas, estradas, quantos aeroportos e quanto de agricultura em larga escala eram necessários para proporcionar-lhes essa normalidade? E como é hoje em dia?

Um indicador científico para mensurar a vida de uma determinada pessoa e seu impacto sobre o planeta é a chamada pegada ecológica. Ela leva em conta não apenas os pastos e as lavouras necessários para alimentar um indivíduo, as estradas que utiliza ou a área em que mora e trabalha, mas também a floresta necessária para voltar a capturar o dióxido de carbono gasto por ele na produção de energia. Calcula em hectares quanto de natureza aquele indivíduo consome, comparando com a área disponível na natureza para equilibrar esse consumo, para que possa crescer novamente o que foi colhido ou para que a natureza simplesmente possa se recuperar. Quem gosta de jardinagem sabe que é impossível colher mais do que se planta. A pegada ecológica amplia essa regra e a aplica ao planeta e à humanidade como um todo.

Quando a Apollo 8 partiu para a Lua, a pegada ecológica da humanidade ainda estava dentro daquilo que a Terra tinha para oferecer. Desde meados dos anos 1970, tem-se mantido constantemente acima desses limites. O esgotamento da natureza se tornou um estado permanente. A cada ano que passa, o dia em que já consumimos tudo aquilo que deveria bastar para o ano inteiro no planeta é ainda mais antecipado. Em 2019, caiu no dia 29 de julho. A partir dessa data, fazemos uma dívida com a natureza que não podemos devolver e, no ano seguinte, temos menos natureza à disposição do que agora.

Em 2019, na Alemanha, o chamado Dia da Sobrecarga da Terra (Overshoot Day) veio ainda mais cedo: no dia 3 de maio. O campeão mundial de exportações importa, em grande estilo, recursos e natureza de outros países. Se o padrão de vida alemão se tornasse universal, precisaríamos de duas Terras. Mas, como bem mostra a foto dos astronautas da Apollo 8, só existe uma. Mesmo assim, é comum haver protestos contra a renúncia e as proibições quando essa verdade incômoda é dita.

UMA NOVA REALIDADE

Quem quiser moldar o futuro e ter êxito nessa empreitada, portanto, deve partir de fatos que ocorrem na realidade e não daquilo que ocorreu no passado. Durante milênios, a humanidade percebeu a Terra como um planeta com recursos ilimitados. Derrubava-se uma floresta aqui e havia outra logo ao lado. Caçavam animais silvestres, acabavam com os peixes em um lago, até que a mina se esgotasse — então, ia-se para outro lugar ou se exploravam outros recursos à disposição na mesma região. Sempre havia novas possibilidades, de um jeito ou de outro. Nem sempre isso transcorreu de forma pacífica. Foram justo os Estados nacionais que se consolidavam na Europa que, em sua expansão global, desapropriaram e até dizimaram as populações locais de regiões e continentes menos densamente povoados. À medida que enriqueciam, as nações industrializadas tinham acesso a novos recursos e geravam novas tecnologias, ou então descobriam elementos totalmente novos, como o átomo ou o gen. O que costumamos chamar de progresso moderno, em princípio, não é outra coisa senão disseminar, explorar, expandir e saquear. Expandir e extrair. Enquanto esse modelo funcionou e existiu mais "planeta" do que gente, não havia motivos para modificar nada. Lutas por justiça social e direitos humanos em geral sempre transformaram os métodos desse progresso, mas o seu princípio não era posto em xeque. De lá para cá, no entanto, a relação homem x natureza mudou completamente. Há hoje cada vez menos planeta para mais gente. Não vivemos em um mundo "vazio", e sim em um mundo "cheio", expressão cunhada pelo economista Herman Daly.

Esta é uma nova realidade. E o que ela significa?

Significa que as coordenadas dentro das quais se dá a convivência humana e uma economia bem-sucedida mudaram totalmente. A expansão e a extração batem no limite natural se a natureza e seus ecossistemas são privados de sua capacidade de regeneração natural. A ciência chama isso de pontos de virada ou limites planetários. Quem quiser viver na realidade, ainda mais em uma realidade que se transforma radicalmente, deve reconhecê-la, caso contrário, estará vivendo em um mundo imaginário. Como a nova realidade do século XXI que se formou entre humanidade e Terra é global, significa que a vida de todas as pessoas do planeta se transforma. Fingir que isso não acontece significa viver em uma realidade imaginária de dimensão global.

É precisamente esse o caso no nosso debate sobre crise climática e desenvolvimento sustentável. Falamos de limites planetários, mas a maioria das propostas de solução evita reconhecer de fato o que isso significa. Preste atenção: em alguns lugares sempre haverá mais bem-estar e crescimento, mesmo quando não se revela sempre onde e a que preço.

Um dos primeiros alertas de que a humanidade deve reagir a esta nova realidade se não quiser cair em uma catástrofe global foi dado há quase cinquenta anos por um grupo de cientistas do MIT, o Instituto de Tecnologia de Massachusetts, Boston, liderado por Dennis e Donella Meadows. Eles foram pioneiros no emprego de simulações de computador para aprender alguma coisa sobre o futuro da humanidade. Desenvolveram um modelo batizado "World3" e que, hoje, rodaria em qualquer PC doméstico, mas, na época, ainda precisava de um *mainframe* inteiro. O modelo foi alimentado com dados sobre cinco tendências de longo prazo: Com que velocidade a população mundial cresceu até agora? E a produção de alimentos? A produção da indústria? Até que ponto o homem explorou recursos não renováveis, como metais ou combustíveis fósseis? Como evoluiu a poluição? E, a principal pergunta: qual foi a interação entre essas tendências?

Com base em dados do passado, os pesquisadores tentaram extrapolar cenários futuros. Um deles, o *standard run*, parte do pressuposto de que a humanidade simplesmente continuará fazendo tudo igual.

Quando o estudo foi publicado, em 1972, o seu efeito foi como se um asteroide gigantesco atingisse a Terra. Os cálculos revelaram que, mantidas as atuais condições (cenário *standard run*), a civilização humana necessariamente implodiria em menos de um século. Com o crescimento continuado da população mundial e da produção industrial, os recursos naturais não renováveis logo se esgotariam, e a poluição ambiental geraria danos irreparáveis. O sistema não conseguiria mais enfrentar os custos decorrentes. Tornar-se-ia instável, a produção industrial cairia e a população total encolheria. A partir de um certo ponto, as curvas de todos os cinco fatores cairiam para o negativo — o ponto de inflexão.

O que impressiona mais é que o colapso seria irreparável, mesmo se os cientistas conseguissem controlar alguns dos fatores de seu modelo de computador. Se, por exemplo, definissem no modelo que o suprimento de matéria-prima é infinito, a população cresceria de maneira tão rápida que as terras agrícolas já não bastariam mais para produzir comida. Se limitassem o crescimento populacional e dobrassem a produção de alimentos, o aumento da poluição acabaria gerando taxas de mortalidade mais elevadas. O que quer que mudassem, mais cedo ou mais tarde, levaria ao mesmo resultado. Os únicos cenários que não acabariam em colapso eram aqueles em que o crescimento de todos os cinco fatores é limitado. Daí o nome do estudo: *Os limites do crescimento*.

No fundo, os cientistas não descobriram nada que não fosse possível imaginar simplesmente percorrendo o mundo com os olhos bem abertos e usando um pouco de lógica. Mas como muitos problemas ambientais nos países ricos conseguiram ser resolvidos graças ao uso de tecnologias mais sofisticadas e do deslocamento de processos danosos ao meio ambiente para outros países, a descoberta dessas relações globais só foi possível graças às novas tecnologias informáticas. Modelos abstratos se tornaram curvas visíveis e quantificáveis. O estudo é famoso até hoje. Seus resultados têm sido atualizados e verificados e nunca foram contestados em suas bases. No cerne, todos os cinco fatores evoluíram como os cientistas calcularam há cinquenta anos. Não é de se admirar. Afinal, mesmo depois de ter visto ao vivo a ameaça de colapso de sua fórmula do progresso, a humanidade não desviou um palmo do cenário do *standard run*. Tudo continua como antes. Alguns ganhos de eficiência relativos e melhorias em determinados produtos e tecnologias não mudaram o quadro geral. Ainda não houve uma dissociação convincente e absoluta entre o crescimento econômico e o consumo ambiental.

Desde os anos 1970, volta e meia surgem tentativas de fazer frente a esse problema não apenas em seus diferentes desdobramentos, e sim como um todo. Tentou-se descrevê-lo, conscientizar as pessoas e mesmo resolvê-lo. Houve novos estudos, conselhos. Comitês foram fundados. Houve reuniões de cúpula, novos protocolos foram elaborados e aprovados. Na luta contra as mudanças climáticas, basta ver um único desses desdobramentos para compreender até onde a humanidade chegou.

Que a emissão de dióxido de carbono aquece a atmosfera terrestre e o homem acelera esse processo ao usar combustíveis fósseis como carvão, petróleo ou gás é algo que já foi comprovado cientificamente desde o final dos anos 1930. Em meados dos anos 1960, cientistas americanos alertaram o seu governo que a humanidade estaria realizando "um imenso experimento geofísico".[2] No fim dos anos 1970, a ciência conhecia praticamente tudo o que sabemos hoje sobre mudanças climáticas. A convenção Quadro do Clima de 1992 é um tratado internacional ratificado por quase todos os países da Terra que se comprometeram a ralentar o aquecimento terrestre. Em 1997, o Protocolo de Quioto estabeleceu metas para a emissão de gases do efeito estufa, compromissos reforçados em 2015 no Acordo de Paris com o objetivo de reduzir o aquecimento global para menos de dois graus. O fato deveria ser amplamente conhecido, no mínimo desde o lançamento do documentário *Uma verdade inconveniente,* de Davis Guggenheim, sobre o então vice-presidente norte-americano Al Gore e sua luta para evitar o aquecimento climático. O filme ganhou duas estatuetas no Oscar, e Al Gore levou o Prêmio Nobel da Paz.

Isso foi em 2007.

Você sabia que metade do dióxido de carbono gerado pela humanidade foi emitido nos últimos trinta anos?[3] Ou seja: por nós, pela nossa geração. O prejuízo que causamos conscientemente é tão grande quanto aquele que a humanidade produziu quando ainda não sabíamos o que estávamos fazendo.

E como isso tudo pôde acontecer?

Minha tese é que nos recusamos a encarar a nova realidade. Há meio século vivemos numa realidade aparente, em que, no lugar de indicadores físicos e biológicos, preferimos seguir os monetários.

Enquanto, durante muito tempo, havia muito planeta para pouca gente, hoje existe cada vez mais gente para menos planeta. Se a humanidade não quiser produzir o seu próprio colapso, ela precisa aprender a viver em um mundo cheio, em um único planeta com recursos limitados. É uma nova realidade.

3
Natureza e vida

"Quando uma sociedade não consegue lidar com o esgotamento de seus recursos, as questões realmente interessantes passam a girar em torno da sociedade, não dos recursos. Quais fatores estruturais, políticos, ideológicos ou econômicos na sociedade impedem uma reação adequada?"

Joseph Tainter, antropólogo

Em março de 2018, o Escritório de Patentes e Marcas dos Estados Unidos recebe um pedido de registro de uma nova tecnologia de polinização artificial de plantas. No documento de várias páginas, de número US2018/0065749, os inventores descrevem um equipamento voador pequeno, parecido com um minidrone, capaz de se mover de maneira independente por cima de uma área agrícola a partir de uma estação de carregamento. Com ajuda de um pincel minúsculo, ele coleta o pólen de uma planta e o aplica em outra, usando um ventilador igualmente minúsculo. O sucesso da polinização é verificado por um sensor, que envia um sinal a uma rede para que nenhum outro dispositivo voador volte para a mesma planta.

Quem ler a solicitação pode ter um duplo espanto. Primeiro, porque logo identificará essa invenção como uma réplica técnica de algo que a natureza já tem há milhões de anos: a abelha.

Mas no mundo de que partem os inventores algo parece ter mudado. Há muitos anos, escrevem, o número de insetos polinizadores de plantas vem caindo drasticamente, e tentativas de espalhar pólen sobre os campos com grandes máquinas não se mostraram eficazes.

Também surpreende saber quem solicitou a patente para a nova tecnologia. Não foram os próprios inventores, e sim a empresa para quem eles desenvolveram a invenção: a cadeia de varejo norte-americana Walmart.

E o que quer uma cadeia de varejo com uma abelha-robô?

Bem, Walmart não é um varejista qualquer. É a maior cadeia varejista do mundo, uma das empresas mais ricas. Cresceu graças à estratégia de oferecer produtos sempre mais baratos do que a concorrência. "Always low prices" [Preços sempre baixos] foi o lema da companhia durante muitos anos. Se a Walmart ganha menos por produto do que a concorrência, significa que precisa vender uma quantidade enorme para ter lucro. A empresa se obriga a ser grande, pois ganha no volume.

Por isso, a Walmart não é apenas a empresa que mais fatura no mundo. Com 2 milhões de empregados espalhados por mais de 11 mil filiais, é também o maior empregador privado do mundo. Não surpreende que a família Walton, que fundou o empreendimento, seja a mais rica dos Estados Unidos há muitos anos.

E o que isso tem a ver com abelhas artificiais?

Quem quiser a resposta para essa pergunta e saber o motivo pelo qual nosso sistema econômico evoluiu para o que temos hoje precisa primeiro entender a nossa visão da natureza. A natureza é a base da nossa economia. Ela cria energia e materiais, o homem apenas processa ambos. No tempo em que os homens imaginavam que a natureza era feita por um ou vários deuses, suas leis continuavam tão insondáveis quanto os caminhos divinos. Algumas culturas enxergavam na própria natureza, ou na Terra, a deusa criadora. Em nossa cultura ocidental finalmente prevaleceu a ideia de um único Deus que criou a Terra e a entregou ao homem. Quando cientistas como Galileu Galilei, René Descartes ou Isaac Newton deitaram um novo olhar sobre essa abordagem, a partir do século XVI, reinterpretando a missão de "subjugar a Terra", surgiu também uma perspectiva totalmente nova do papel do homem. Essa abordagem revelou que a natureza segue regras calculáveis. E quando a ciência identifica e descreve essas leis naturais e os homens as empregam sistematicamente para seus próprios fins, podem tomar as rédeas do seu destino. Eis o Iluminismo e o novo autorretrato do *Homo sapiens*.

Da mesma forma que uma criança desmonta um brinquedo em várias peças, o homem passou a desmontar a natureza, pedaço por pedaço, e começou a brincar com as diferentes partes. Descobriu suas funções, modificou-as, trocou uma pela outra ou remontou as peças de um novo jeito, na convicção de que o mundo funcionaria melhor do que antes para ele. A natureza, da qual o homem fazia parte, virou o meio ambiente, do qual ele se separou e que, a partir de agora, só o rodeia. Um "todo" vivo, em que tudo está interligado, virou uma máquina que pode ser reformada e transformada a seu bel-prazer. Algo que tinha o caráter de uma rede dinâmica e estável de relações, na percepção do homem, reduz-se a elementos separados e muitas vezes também a um único aspecto que o interessa naquele todo (o qual se tornou invisível).

A pergunta é: é possível aproveitar esse aspecto da natureza e extrair valor?

Ou ele deve ser rejeitado?

Quem observa o mundo dessa forma obviamente não enxerga a sua enorme diversidade, suas transformações dinâmicas e a relação entre as diversas partes. Não enxerga que nada, nem mesmo o menor floco de neve, é idêntico a qualquer outra coisa. Que cada fenômeno é gerado por outro, e que a maneira como um elemento está inserido influencia a sua qualidade e o seu desenvolvimento. Em vez disso, encara o mundo assim:

Floresta é apenas madeira.

Terra é uma base para plantas.

Insetos são pragas.
E uma galinha é algo que põe ovos e fornece carne.

Todas as galinhas domésticas que o ser humano cultivou ao longo da História descendem do galo-banquiva, uma forma silvestre originária do sul e do sudeste da Ásia, antes de ser domesticada e espalhada pelo planeta, sendo hoje a espécie de ave mais comum do mundo. Mas as raças criadas hoje já não têm mais nada a ver com aquela espécie silvestre e são bem diferentes das que os nossos antepassados cultivavam há cem anos. Até lá, era comum criar galinhas que davam ovos e forneciam a carne, sendo que havia raças que apresentavam vantagens de um lado ou de outro. Quando se tentava melhorar uma de suas propriedades, a outra era prejudicada. Mais ovos significava menos carne, e vice-versa.

Depois da Segunda Guerra Mundial, o homem dividiu o animal segundo as suas propriedades e criou raças que usa para uma coisa ou para a outra. Hoje, os frangos precisam de um mês apenas para serem abatidos; já as galinhas poedeiras produzem até 330 ovos por ano, e não há previsão de um segundo ano. Pior ainda são as chances dos pintinhos machos das raças poedeiras. Nesse sistema, são duplamente inúteis, porque não põem ovos nem prestam para carne, razão pela qual sua criação não interessa do ponto de vista econômico. Logo depois de nascer, são jogados no triturador.

Isso soa perverso?

Pois é precisamente como funciona esse sistema que, só na Alemanha, produz 12 bilhões de ovos por ano e abate 650 milhões de frangos, além de triturar 45 milhões de pintinhos.[1]

E, no ano seguinte, a coisa toda se repete.

Aquela galinha que fornecia tudo em uma fazenda que aproveitava tudo se transformou. Agora, são animais otimizados ao extremo em aviários industriais altamente especializados. Pois a criação desses animais também se especializou. Hoje, há empreendimentos que ou só criam, ou só multiplicam, ou só engordam ou só produzem galinhas poedeiras. Depois que o homem criou as raças mais diferentes ao longo dos séculos, no sistema atual existem poucas raças de galinha, uma redução genética que as torna mais suscetíveis a doenças. Essa redução se reflete no lado dos produtores, organizados em estruturas monopolísticas, em que alguns poucos dominam o mercado e para quem bastou um único surto de gripe aviária para que fossem levados à falência.

Um quadro parecido pode ser encontrado nos cultivos comerciais de banana, café, soja e trigo. Esses cultivos não são para subsistência própria, e sim para exportação. Espécies altamente eficientes servem para conseguir o máximo de colheitas no menor tempo possível. Infelizmente, não se mostram muito resistentes às mudanças climáticas. E a maioria das alternativas já desapareceu.

A diferença significativa entre sistemas feitos pelo homem e outros que ocorrem na natureza é que os últimos se caracterizam por uma elevada diversidade e funcionam em ciclos. No sistema natural não existe ninguém que retire qualquer coisa sem devolver algo que possa ser reutilizado. O desperdício de um é o alimento do outro. Quando os homens modernos interferem em tal sistema estabelecido, o ciclo se torna uma esteira rolante que vai só em uma direção. Extrair, consumir e gerar lixo que não serve de alimento para nada. Lixo que é queimado, enterrado ou amontoado, ou que flutua em oceanos e rios.

Os sistemas naturais foram projetados para durar; os humanos são instantâneos. Os sistemas naturais vivem da diversidade, autorregulam-se e podem absorver impactos. É precisamente o que os torna resilientes e eficientes no todo. São orientados para a eficiência energética, razão pela qual não há desperdício. Os sistemas humanos modernos tentam tornar processos individuais mais eficientes do ponto de vista econômico (pense na imagem da esteira rolante). Algo que custa menos na saída é mais positivo na conta líquida. Assim, os sistemas humanos reduzem a diversidade, e tudo se torna mais homogêneo, frágil e suscetível a erros. Em vez de adotar os padrões de evolução bem-sucedidos em sistemas orgânicos, portanto, o homem moderno tenta transformar tudo em que põe a mão em uma máquina produtiva com máxima eficiência, sem considerar o entorno dessa máquina.

E não é só com a natureza que ele lida desse jeito

Percorra qualquer centro de cidade na Alemanha e tente contar quantas pequenas lojas, armazéns e quitandas ainda subsistem. E quantas redes internacionais existem, que vendem as mesmas coisas em outras cidades e outros países ou continentes. Por exemplo, roupa, cuja produção gera 92 milhões de toneladas de resíduos por ano. Em parte, são roupas ainda plenamente funcionais. Esse lixo costuma ser incinerado, porque é o método mais barato.[2] Ou seja: mais uma agressão à Terra para a próxima coleção de verão, em vez de reciclar roupas já existentes.

Ou será que você já deixou de ir às compras, agora que resolve quase tudo encomendando pela Amazon, essa impressionante empresa que torna tudo ainda mais barato e confortável? Cada vez mais gente sabe que a Amazon, ao mesmo tempo, coleta dados de toda a sociedade e lucra revendendo-os para outros. Ou que a plataforma gigantesca boicota sistematicamente marcas e fabricantes que se recusam a ser distribuídos por ela. Só aos poucos as pessoas descobrem que os empacotadores e as empacotadoras são comandados via chips no pulso e que sinais alertam quando seu ritmo de trabalho cai abaixo do tempo regulamentado. Entregadores autônomos quase nunca veem outros seres humanos. Só e-mails, vídeos e GPS. A Amazon mal paga impostos, porque declara os lucros em alguns poucos lugares no mundo, locais atraentes pelos baixos impostos. Por outro lado, o megaempreendimento gosta de usar a infraestrutura e o sistema social financiados com dinheiro proveniente da arrecadação de impostos. Nesse caso, não funciona nem mesmo o argumento de que "parte do meu lucro serve para a manutenção de nossa existência".

O modelo de progresso globalizado da máquina mecânica de extração e maximização de lucros não subjugou apenas a natureza, mas também gerou culturas e estilos de vida em um ritmo de homogeneização e monetarização que avança a passos largos, e no mundo todo.

O Facebook tem 2,5 bilhões de usuários ativos por mês.

Starbucks, Zara, Primark, McDonald's, Burger King e Coca-Cola produzem e vendem no mundo inteiro.

Assistimos aos mesmos filmes, escutamos as mesmas músicas, comemos hambúrgueres, massas e pizzas. No mundo inteiro.

E o que isso tem a ver com a abelha-robô?

Em 1983, a ONU instituiu uma comissão para pensar como nossa economia se coaduna com os limites do planeta. O relatório publicado quatro anos depois, sob a liderança da ex-primeira-ministra norueguesa Gro Harlem Brundtland (o Relatório Brundtland), formulou pela primeira vez uma diretriz para orientar uma economia humana sustentável. A base foi a ideia de criar uma cartilha para reequilibrar as coisas, que já na época ameaçavam sair de controle.

A definição que a Comissão encontrou e que posteriormente se tornou a base para todos os acordos relativos ao meio ambiente é muito simples: "Desenvolvimento sustentável é o desenvolvimento que procura satisfazer as necessidades da geração atual sem comprometer a capacidade das gerações futuras de satisfazerem as suas próprias necessidades."[3]

Dois itens importantes fazem parte disso: priorizar as necessidades dos mais pobres e configurar os desenvolvimentos sociais e tecnológicos de tal forma que não destruíssem os ciclos regenerativos da natureza. Tudo isso significava, pois, o grande esforço de repensar.

Em 1987 o economista norte-americano Robert Solow recebeu o Prêmio Nobel pela formulação de um conceito de crescimento que apontou o papel das inovações tecnológicas como motor da economia e incluiu a substitutibilidade do capital natural. Parece mais complicado do que a regra da economia sustentável, mas é tão simples quanto ela. Apenas leva a soluções no caminho oposto. A substitutibilidade do capital natural significa que é possível retirar cada elemento de um sistema natural substituindo-o por um artificial. Segundo Robert Solow, portanto, não é catastrófico nem mesmo errado o homem destruir a natureza. Basta substituí-la por tecnologia, e tudo vai ficar bem. Desse jeito, a segunda condição do Relatório Brundtland foi reinterpretada: inserir processos sociais e tecnológicos na natureza sem destruir os ciclos regenerativos. Agora, bastava substituir a natureza de forma adequada.

Ou, para usar as palavras de Robert Solow: "Enquanto é simples substituir os recursos naturais por outros fatores, em princípio não há problema. O mundo, na prática, pode existir sem recursos naturais, por isso o esgotamento é apenas um evento, não é uma catástrofe."[4]

Quando li isso pela primeira vez, não acreditei.

Isso aí mereceu o Prêmio Nobel?

Instituições importantes, como o Banco Mundial, adotaram essa abordagem e distribuíram elogios e dinheiro para os países que por meio da exploração do capital natural pagaram educação e moradia e outras coisas.

A abordagem foi denominada de "genuine savings", poupança genuína, e, de acordo com ela, não seria problema se não sobrar Mata Atlântica, desde que as pessoas ganhem muito dinheiro com os produtos e os serviços assim gerados. Pois os únicos parâmetros da economia são o dinheiro e o preço. Mas um indicador monetário nem mesmo mostra se o substituto inventado pelo homem pode ser inserido na teia da vida. É ok destruir toda a vida, enquanto podemos construir máquinas? Essa segue sendo a pergunta curiosamente não discutida das supostas ciências econômicas.

Você deve ter percebido que acho a visão de Robert Solow arrogante e sem base científica, enquanto a abordagem do Relatório Brundtland é muito mais orientada para a vida. Deixando isso de lado, as abordagens de Solow e Brundtland — como tantas vezes na história da humanidade — revelam apenas duas maneiras diferentes de olhar o mundo. Duas opções de se decidir pelo futuro. Continuar como sempre, só mais ativamente. Ou modificar algo estrutural. São as duas opções até hoje.

Dá para imaginar qual abordagem que saiu vencedora depois de 1987.

E assim voltamos às abelhas-robô.

O fato de insetos polinizarem plantas pode ser compreendido como serviço da natureza para o homem. A Agência Alemã para a Proteção da Natureza (Bundesamt für Naturschutz) calculou o valor dessa prestação de serviços em cerca de 150 bilhões de euros por ano.[5] Isso é mais do que o lucro anual somado da Apple, Alphabet (holding do Google), Facebook e Microsoft. Outras prestações de serviço dos ecossistemas para a humanidade abrangem ainda a limpeza e a circulação da água, do ar e dos alimentos, a proteção contra tempestades e inundações, bem como o valor regenerativo de espaços naturais para as pessoas. Estimar o valor monetário de todos os serviços prestados pelos ecossistemas é uma tarefa difícil. Por trás disso há a tentativa de mostrar a mais-valia da natureza para as nossas vidas, comparado com formas de geração de valor feitas pelo homem. Por outro lado, poderíamos perguntar quanto custaria tudo isso se tivéssemos de produzir nós mesmos. Sem falar que talvez nem saibamos fazê-lo.

O valor estimado por um estudo de vários cientistas liderados por Robert Costanza em 2014 é tão astronômico que um ligeiro desvio para cima ou para baixo já nem importa. Até 2007, a natureza prestou serviços ao homem no valor de 125 a 145 trilhões de dólares por ano. Isso é muito mais do que o PIB (Produto Interno Bruto) total do mundo, ou seja, a soma de todos os produtos e serviços gerados pela humanidade em um ano no mundo todo. Em 2018, esse PIB era de 84 trilhões, e em 2007, de 55 trilhões de dólares. O mesmo estudo mostra que a destruição anual dos serviços naturais até 2007 girou entre 4,3 e 20,1 trilhões de dólares.[6] Se descontarmos a destruição do ecossistema do crescimento do PIB, a soma é negativa.

Mas embora o valor dos serviços ecológicos para a oferta confiável de recursos, um abastecimento saudável e boa qualidade de vida seja tão elevado, a humanidade praticamente recebe tudo isso de graça da natureza. Nem precisamos inventar e desenvolver nada disso, pagando gente e máquinas. Por isso, a natureza nem sequer entra nos balanços financeiros, e como em economia aquilo que não precisa ser pago não tem valor, a natureza simplesmente não conta. Pagamos pelas diferentes peças de recursos que extraímos da Terra, pelo metro cúbico de madeira ou por um grama de ferro. Mas não dispomos de um sistema de preços, que dirá compreensão, para a limpeza regenerativa e distributiva do ar e da água, a disseminação de pólen e de sementes, o armazenamento de CO_2 e a garantia de cadeias de alimentos e biodiversidade. Já reparou como é estranha a narrativa de que a proteção da natureza é antagônica a uma economia bem-sucedida?

Um terço da produção mundial de plantas depende de insetos polinizadores. Mas ao mesmo tempo que empresas como o Walmart pensam exclusivamente em oferecer alimentos ao preço mais baixo possível, elas obviamente permanecem cegas em relação aos danos causados precisamente por aquele tipo de agricultura industrial que é necessária para poder oferecer alimentos a preços tão baixos.

Felizmente, as próprias empresas estão começando a enxergar isso.

Há alguns anos, o Walmart se esforça por ser um empreendimento sustentável. Modernizou sua gigantesca frota de caminhões, reduziu o consumo de energia dos refrigeradores, minimizou as embalagens e economizou elevados volumes de CO_2 que normalmente acelerariam as mudanças climáticas. Depois de instalar coletores solares nos tetos de seus supermercados gigantescos, tornou-se o maior gerador privado de energia solar dos Estados Unidos. Incluiu até produtos orgânicos em suas prateleiras, transformando-se no maior comprador de leite e algodão orgânicos.

NATUREZA E VIDA

Tudo isso soa como um sucesso retumbante, não é mesmo? Quando um empreendimento de tal envergadura de repente começa a agir de forma sustentável, é de se imaginar que certamente todo o sistema embicará rumo à sustentabilidade. Mas com base em conceitos econômicos como crescimento, produtividade e competitividade que eu explicarei e questionarei neste livro, não foi bem isso o que aconteceu — nem com o empreendimento, nem com o mercado para leite e algodão.

O Walmart não se tornou a maior cadeia varejista de orgânicos do mundo.

Em vez disso, mandou desenvolver as abelhas-robô.

Usar drones que supostamente devem funcionar da mesma forma que as abelhas é um experimento ousado. A própria Amazon continua precisando de humanos, porque as mãos dos robôs não executam tarefas delicadas. Equipamentos eletrônicos em miniatura são muito suscetíveis, mais do que abelhas biológicas. Além disso, todos esses substitutivos técnicos feitos pelo homem necessitam de fontes de energia. Mas hoje se trata de reduzir o consumo de energia em nome do clima. As abelhas produzem sua própria energia a partir de sua alimentação. Vivem do pólen das plantas e do mel que produzem. As plantas recebem sua energia da fotossíntese, o que funciona totalmente sem interferência humana e sem causar o menor prejuízo aos demais serviços prestados pelos ecossistemas.

Sinto muito, senhor Solow. Mesmo que reduzíssemos questões éticas e decisões de valor somente à sobrevivência do "time ser humano", a ideia de construir um sistema econômico futuro em que todas as funcionalidades dependessem de processos e fontes de energia feitos pelo homem é simplesmente uma loucura do ponto de vista da resiliência.

Por que não conservar simplesmente a natureza que nos foi doada, com toda a sua diversidade, capaz de se autoabastecer de energia e de se regenerar? Hoje já identificamos com que métodos de cultivo e de lavoura estamos dizimando as abelhas. Como seria uma agenda inovadora de manutenção da vida? O drone ou a revisão dos métodos de cultivo, das cadeias de fornecimento e dos conceitos de uso da Terra?

Na nossa relação com a natureza se revela o grau de arrogância da economia humana. Ao subjugarmos os sistemas naturais às suas necessidades, reduzimos a sua diversidade e precisamos de cada vez mais esforços para estabilizá-la.

Os sistemas humanos não são sustentáveis e necessariamente desmoronam se não aprendermos a reformá-los.

4
Ser humano e comportamento

"Quando uma ideia é bem-sucedida, facilmente terá mais êxito. Será inserida em sistemas sociais e políticos, o que apoia sua disseminação. Assim, acaba dominando em épocas e lugares em que representa uma vantagem para seus seguidores."

John Robert McNeill, historiador

O jogo do ultimato é um experimento científico para estudar o comportamento humano. Foi concebido no fim dos anos 1970 pelo economista alemão Werner Güth e colaboradores. Em resumo, a banca concede um prêmio em dinheiro a uma pessoa, que deverá dividi-lo com outra. Mas só poderá fazer uma única proposta do valor que vai oferecer, sem chance de modificá-lo. Se sua contraparte concordar, ambos podem ficar com o dinheiro. Se recusar, nenhum deles recebe nada. Portanto, a pessoa que ofereceria o valor terá que pensar cuidadosamente nessa divisão para que o parceiro na negociação concordasse.

O resultado é que aparentemente existe algo como um valor mínimo que alguém precisa estar disposto a entregar para que um outro aceite. Esse valor gira em torno de 30% da soma total. Se a primeira pessoa receber 1.000 euros, portanto, terá que entregar no mínimo 300, senão o outro recusa.

Você ficou surpreso? Ou não?

Bem, os economistas se surpreenderam.

Se quisermos repensar o mundo, temos que voltar aos fundamentos dos raciocínios sobre os quais se construiu o mundo tal como o conhecemos hoje. Disso faz parte o olhar que o homem tem sobre a natureza e o olhar sobre si próprio. A lógica nos diz que, nesse caso, o homem não deveria estar tão longe da natureza. As pessoas deviam saber o que fazer quando o ser humano está no cerne das preocupações, não é? Infelizmente, muitas vezes ocorre o contrário.

A imagem do ser humano embutida na maioria das teorias econômicas é a de um egoísta preocupado em calcular friamente suas vantagens em todas as situações. Quando decidir, buscará sempre aquilo que lhe trouxer o maior proveito enquanto consumidor e o maior lucro se for o produtor. Sentimentos não entram nessa conta, nem os próprios, nem os dos outros. É a pura razão que decide, e ela se limita ao cálculo do custo e do benefício. *Homo oeconomicus* é a figura com a qual se explicou durante muito tempo por que e como o homem age em termos econômicos. Claro, trata-se de uma abstração, mas foi o ponto de partida para outros modelos.

Foi por essa razão que o resultado do jogo do ultimato surpreendeu tanto os economistas. Se a pessoa que recebeu a proposta de dinheiro fosse um *Homo oeconomicus*, aceitaria qualquer soma, não importa quanto, pois não deixaria escapar a vantagem. O fato de voluntários terem preferido não aceitar nada se o valor não fosse justo, a seu ver, parece totalmente ilógico, contradizendo os modelos e a imagem do *Homo oeconomicus* dominante nas ciências econômicas.

Por que, então, é tão difícil fazer com que sociedades se tornem sustentáveis? A suspeita que eu tinha quando era jovem pode soar ingênua: eu achava que simplesmente faltava conhecimento às pessoas. Se elas soubessem que precisam se comportar de outra maneira, o fariam, pensava eu, e, por isso, inscrevi-me em Ciências da Comunicação. Mas, como vimos, é também importante perguntar o que é o conhecimento e que tipo de conhecimento pode ajudar.

Aquilo que parece lógico para a maioria de nós é visto como desvio de uma norma — bastante triste — da vida humana pela maioria dos professores que estudam ou ensinam economia nas universidades top de linha. Isso me surpreendeu. Ainda mais surpresa fiquei quando fiz um curso sobre economia e aprendi mais sobre as teorias que formam o olhar dos economistas para o mundo, porque de repente a tristeza se tornou o método de um mundo fantasmagórico. Não havia nessas teorias pessoas de carne e osso, tão pouco quanto a verdadeira natureza. No fundo, tudo girava em torno da busca por lucro e consumo crescentes para turbinar a economia dos países. Nessa abordagem, o dinheiro era o único valor que contava.

Lembro que em uma das aulas um professor declarou que os trabalhadores e as trabalhadoras sempre buscarão lugares onde conseguem melhor remuneração, mesmo que isso signifique mudar-se para outro país. Quando eu levantei a mão e perguntei qual o nível de pobreza local e a diferença salarial que faria pessoas abandonarem suas famílias e como é possível um tal esforço por parte dos trabalhadores não ser contabilizado dos custos do modelo, instalou-se o silêncio no auditório.

O professor olhou para seu assistente, e os estudantes olharam para mim. Finalmente, disse: "Vejam só, temos aí um coração piedoso!"

Minha dúvida ficou sem resposta. Desde então, fico me perguntando por que os economistas gostam de se vangloriar de seu sangue-frio e por que isso deveria ser considerado bom. Por outro lado, senti-me bem mais próxima da explicação de por que não conseguimos uma sociedade sustentável. Decidi fazer minha tese de doutorado sobre a história das ideias econômicas, questionando como se desenvolveu esse mundo fantasmagórico e qual o papel das ideias na evolução da política e da sociedade.

A maneira como os economistas avaliam os atos humanos e a forma como medem se as pessoas agem com racionalidade em suas decisões econômicas são questões enraizadas nas descobertas de três homens nascidos há mais de duzentos anos, e todos na Inglaterra. Isso não surpreende, uma vez que o sistema econômico que é a base dessa imagem do homem, a industrialização, surgiu naquela época na Inglaterra. Geralmente, a teoria e a prática não surgem em separado, mas se refletem mutuamente.

O primeiro dos três é Adam Smith. Seu livro sobre *A riqueza das nações* até hoje é uma obra muito citada. Segundo Adam Smith, cada pessoa produz por meio do seu trabalho aquilo que melhor sabe fazer. Assim surgem produtos diferentes, negociados no mercado livre, sendo os preços determinados pela oferta e pela procura. Dessa maneira, a vantagem do indivíduo, pela lógica do mercado, gera benefícios para todos — segundo Adam Smith, é como se uma "mão invisível" estivesse regendo tudo. É uma imagem quase mágica e cujo papel foi muito mais importante para seus futuros intérpretes de sua obra do que para ele próprio.

O segundo, David Ricardo, aplicou a ideia sobre divisão do trabalho e intercâmbio ao nível dos países. Formulou um modelo de comércio exterior, segundo o qual é vantagem para um país estabelecer relações comerciais com outro, independentemente se as mercadorias oferecidas existem em outro lugar, mesmo a custos mais baixos. Como exemplo, citou Portugal e Inglaterra, ambos produtores de tecidos e vinho, sendo que Portugal fabricava ambos a preços mais baixos. Ricardo demonstrou que, mesmo assim, fazia sentido para os países fazerem comércio, porque Portugal precisava de menos trabalhadores do que a Inglaterra para fabricar tecidos. Se Portugal, portanto, se especializasse em vinho e a Inglaterra em tecidos, ambos seriam capazes de produzir mais do que se cada país produzisse os dois. Essa chamada "vantagem comparativa" é o modelo segundo o qual o comércio internacional funciona até hoje — ou melhor: é como ele se justifica.

O terceiro fundamento para os modelos econômicos não foram as ideias de um economista, mas de um cientista. Charles Darwin descobriu que novas espécies surgem por modificações genéticas casuais e seleção natural, e que essa seleção natural, por sua vez, depende da capacidade de se adequar a transformações. A ciência econômica, que estava nascendo enquanto disciplina, aplicou essa abordagem ao seu próprio objeto — entre todos os seus representantes, principalmente o filósofo e sociólogo Herbert Spencer. De repente, para a economia não se tratava mais de organizar racionalmente a divisão de trabalho entre as pessoas com o fim de produzir uma quantidade crescente de bens para abastecer as pessoas. No nível das relações humanas, a economia se tornou uma luta de todos contra todos — luta essa em que só os mais fortes sobreviveriam.

Se seguirmos essas três hipóteses, portanto, economia nada mais é do que a tentativa de sobreviver enquanto egoísta entre muitos egoístas ao produzir cada vez mais e acumular patrimônio, sendo que no fim, de maneira milagrosa, produz-se mais bem-estar para todos.

O que você acha disso?

Essa formulação soa problemática?

Então lembre-se do *Homo oeconomicus* e de como ele se comportou no jogo do ultimato. Quem sabe, essa história nem existiu, ainda que volta e meia tropecemos nela nos artigos econômicos na mídia, nas mais diferentes variações.

Em meados dos anos 1970, o economista norte-americano Richard Easterlin publicou um ensaio intitulado "O crescimento econômico melhora a vida das pessoas?".* Ele comparou dados econômicos de

---

* Easterlin, Richard. Does Economic Growth Improve the Human Lot? Some Empirical Evidence. In: Paul A. David and Melvin W. Reder (orgs.). Nations and Households in Economic Growth: Essays in Honor of Moses Abramovitz. Nova York: Academic Press, Inc, 1974.

dezenove países relativos a um período de 25 anos, relacionando-os com pesquisas de satisfação da vida da população. Constatou que, a partir de uma determinada renda per capita, o grau de felicidade já não subia mais paralelamente à renda. Pelo jeito, existe um ponto a partir do qual a relação inicialmente confiável entre o PIB per capita e o indicador de felicidade se dissolvia e um acréscimo do bem-estar já não gerava mais satisfação. Até hoje, essa contradição se chama o "paradoxo de Easterlin", mesmo que os não economistas não julguem ser um paradoxo de que possuir cada vez mais não traz automaticamente mais felicidade. No momento em que tivermos o que comer e beber e um teto sobre a cabeça, outras coisas se tornarão mais importantes, como a boa saúde, relacionamentos íntegros, uma atividade que traga satisfação e o reconhecimento dos outros. Mesmo assim, as cabeças pensantes das ciências econômicas vivem ocupadas em colocar em dúvida o *Homo oeconomicus* e os desenvolvimentos de mercados e sociedades baseados nesses comportamentos. Como os modelos (e as projeções) até agora se baseavam em um ator representativo, em cujas decisões se fundamentavam então os prognósticos de dinâmicas econômicas, não é tão fácil aproximar o modelo da realidade. Em ciência, chamamos isso de individualismo metodológico. A maioria dos economistas segue presa a ele. No cerne estão as decisões econômicas sobre a utilização de recursos escassos para atingir o objetivo: aumentar o consumo. Só aos poucos surgem os chamados modelos baseados em agentes, que podem trazer para a cena atores diferentes, mas são bem mais complicados e precisam de muitos cálculos.

E, claro, teorias econômicas são simplificações grosseiras. E não poderia ser diferente. Uma teoria, em primeiro lugar, não é outra coisa do que uma leitura particular do mundo. Apoia-se em determinados aspectos da realidade, mas decide dar mais importância a alguns entre eles e até mesmo a abandonar um ou outro. Não é uma falha, e sim o pressuposto para que a teoria forneça aquilo para o que foi feita, ou seja: gerar clareza em um mundo que parece confuso, antes de ser substituída por outra teoria, que talvez consiga responder a esse desafio de maneira melhor.

Evidentemente a imagem da "mão invisível" de Adam Smith faz algum sentido. O que muitas vezes se esquece, porém, é que suas observações nasceram numa realidade em que pequenos artesãos ingleses e manufaturas negociavam entre si. Ainda não existia, àquela altura, a globalização, com megaempreendimentos atuando em esfera internacional. Omite-se também que, em sua segunda grande obra, *Teoria dos sentimentos morais*, Adam Smith descreve a capacidade do ser humano de ser solidário, assim como o fato de que ele era claramente favorável a leis reguladoras, ou seja: não partia do pressuposto de que o mercado regularia tudo.

O mesmo ocorre com David Ricardo. Ele não tinha como prever que um dia haveria um mercado financeiro em que o capital se move livremente ao redor do globo, sem se preocupar com condições de produção em um determinado país. Hoje tampouco há poucos parceiros comerciais e produtos selecionados. A medida, agora, é o mundo todo. Um país que participa do livre-comércio automaticamente enfrentará todos os demais países. Importamos em grande estilo os mesmos produtos que exportamos. As diferenças relativas de custos em produtos isolados se tornam diferenças absolutas, dadas as condições básicas de produção entre economias nacionais. Aumenta-se a pressão para reduzir os custos de produção e permitir preços vantajosos no mercado mundial, em detrimento de valores sociais e ambientais. A vantagem comparativa culmina na luta por tornar tudo mais barato, sempre. A isso chamamos de competitividade.

E onde entra Charles Darwin? A evolução é um processo feito de seleção, tentativa e erro, mas resulta sempre em diversidade, não em concentração. Claro, existem os mais fortes e os mais fracos, mas o fator decisivo é a capacidade de adaptação e da configuração do nicho próprio. Se, no entanto, assumirmos que o embasamento geral oferece mais condições para determinados seres do que para outros, a exigência cai de "geralmente superiores" para "depende". Na natureza, a concorrência sempre é limitada localmente, nunca é globalizada ou monopolista. Pois quando as condições são modificadas, é bom contar com o máximo de alternativas. Por esse motivo, os nichos e seus moradores ou soluções são um valor importante para a persistência do todo e o surgimento do novo.

Esses três pioneiros têm em comum que seus sucessores tiraram suas ideias centrais do contexto, transformando-as em leis econômicas supostamente universais.

E por que é tão importante ter clareza sobre isso?

Porque as ciências econômicas não são um mero evento de alguns professores que vivem no seu próprio mundo e fazem estudos que ninguém lê. Ao contrário: é nas suas hipóteses científicas que se baseiam análises, que empresas constroem seus modelos de negócio, faz-se política, erigem-se instituições, e, cada um de nós, querendo ou não, baseia o seu comportamento. As ciências econômicas criam um sistema para avaliar se alguma coisa é ou não econômica. E definem o que é progresso.

A observação de que algo é "antieconômico" ou ineficiente não é um dos julgamentos mais terríveis que podemos ter?

E o inacreditável aumento de bem-estar que experimentamos desde a Segunda Guerra Mundial não estaria confirmando que basta seguir os preceitos da economia? As pessoas desde sempre construíram suas vidas sobre teorias e conclusões conquistadas à chamada realidade por meio do pensamento. Se, portanto, uma teoria descreve a realidade de maneira distorcida, esse não é só um problema da teoria em si. Quando nos orientamos por ela de maneira excessivamente rígida, a própria teoria acaba produzindo uma realidade própria, resultante dela própria. Ou uma realidade aparente.

Por essa razão, qualquer ciência reflexiva deve eventualmente submeter suas teorias a um reexame. Ainda que isso signifique o fim de um sistema, temos que mudar.

Ou você educaria seus filhos hoje de acordo com regras pedagógicas que estavam em voga há mais de duzentos anos? O *Homo oeconomicus* desconhece diferenças qualitativas entre recursos e gêneros; não sabe o que é solidariedade, comiseração, responsabilidade, seja no nível individual, seja no da sociedade. Para ser mais exato, nem sequer conhece algo como uma sociedade. Ninguém nasce sendo *Homo oeconomicus*, mas as pessoas podem ser educadas nessa direção enquanto seres sociais quando são criadas num sistema que premia quem se comporta como *Homo oeconomicus*. A teoria gera a prática. E todos gostamos de buscar histórias fáceis de contar, que fazem nosso comportamento parecer plausível ou no mínimo legítimo para os outros. Nesse caso, egoísmo, falta de consideração e sangue-frio não seriam características típicas do ser humano, mas o resultado de uma educação que reprime habilidades como altruísmo, capacidade de compartilhar e gentileza.

No âmbito empresarial, Jamie Gamble, que foi advogado das maiores companhias do mundo, resumiu da seguinte maneira: como o que manda é o valor das ações na Bolsa, os executivos e diretores das companhias cotadas em Bolsa praticamente são condenados a se comportar como sociopatas. O relacionamento com funcionários e clientes, com as regiões em que produzem e onde vendem, bem como os efeitos de suas práticas no meio ambiente e sobre gerações futuras não têm espaço.[1]

Mas, mesmo além das empresas, vemos que o pensamento econômico entrou em áreas que originalmente nada tinham a ver com economia. Os cuidados com pessoas doentes, idosos e crianças entraram nessa lógica tanto quanto a formação profissional, a escolha dos parceiros ou o próprio corpo. Ambulatórios para crianças têm sido fechados em hospitais de Munique porque custa muito tempo tratar de crianças. A contabilidade é feita por número de pacientes, independentemente do tempo do tratamento. Portanto, dá mais lucro escutar, explicar ou consolar menos. Quando saímos de férias, a viagem tem que ser excitante e relaxante ao mesmo tempo — afinal, não temos tempo. Quando temos filhos, eles têm que se tornar alguém importante para que o tempo e o esforço que neles investimos não tenham sido em vão — e, no atual sistema de valores, *tornar-se alguma coisa* é muito mais sobre chegar a ter o alto salário de um banqueiro de investimento do que seguir uma profissão que cria valor social, por exemplo, uma parteira. Na TV vemos shows de elencos em que os candidatos se vendem como mercadorias e nos quais o mercado (os espectadores) decide como juiz rígido. E quando resolvemos fugir da síndrome de burnout causado pelo estresse e pela pressão do dia a dia, fazendo ioga ou meditação, nosso objetivo não é entender que podemos sair dessa roda-viva. Fazemos ioga ou meditamos para podermos voltar a mostrar mais desempenho, ter mais produtividade e concentração, otimizando nosso desempenho. Na prática, daqui a pouco usaremos implantes ou tecnologias digitais para fazer isso simultaneamente, afinal, somos capital humano e precisamos cuidar para elevar nosso valor de mercado.

Nas redes sociais, mais do que em qualquer outro lugar, vê-se como a ideia da venda e da competitividade penetrou em todas as áreas da vida, em que a lei da oferta e da procura vinha a reboque de valores intrínsecos. Existem pessoas que só conseguem perceber a própria existência e presença jogando o seu nome no Google de forma constante e contabilizando seguidores, likes e solicitações de amizade.

Como sair de tudo isso?

Para ver o que pode acontecer modificando uma só premissa fundamental de uma teoria, basta entender como, por exemplo, o budismo compreende o trabalho. Nos modelos econômicos do mundo ocidental e sua ideia moderna de progresso, para os empresários o trabalho significa custos a serem reduzidos. Já para trabalhadores e trabalhadoras significa perda de liberdade e tempo livre que deve ser indenizada por um salário. O ideal para ambos os lados, portanto, seria um mundo em que empresários não precisassem mais pagar os trabalhadores e estes recebessem seu salário sem precisar fazer nada.

Já no budismo, o trabalho é uma atividade que ajuda as pessoas a desenvolverem as suas habilidades. O trabalho reúne essas habilidades, impedindo que elas se percam em autorreferência. Além disso, gera mercadorias e serviços necessários e desejáveis para uma existência digna. O ideal de um mundo tal não seria o aumento da produção a preços baixos, e sim uma sociedade civil de partes interessadas em assegurar o bem-estar geral. No lugar de automação, ação humana que pode ser complementada pela tecnologia em áreas onde as pessoas desejam desoneração. Pois existe uma diferença entre uma ferramenta que reforça as habilidades das pessoas e uma máquina que lhe rouba o trabalho. Para os budistas, organizar o trabalho com o fim de gerar o máximo de bens o mais rápido possível seria crime, pois valoriza mais a massa do que as pessoas, valoriza mais o lucro e os produtos do que a experiência e os relacionamentos.

Deu para perceber?

Para repensar o mundo, às vezes basta atribuir um novo valor a um minúsculo detalhe.

Depois de passar uma temporada em Burma em meados dos anos 1950, o economista alemão Ernst Friedrich Schumacher, radicado na Inglaterra, descreveu a doutrina econômica budista. Seu livro *Small Is Beautiful* é considerado um dos mais influentes sobre sustentabilidade, muito antes de o conceito existir. Foi publicado no início dos anos 1970, tornou-se logo um best-seller e descreve um futuro que parece uma resposta às perguntas que fazemos até hoje.

Mas Schumacher nunca mereceu um Prêmio Nobel.

E até hoje quase nunca se encontram artigos nos grandes jornais econômicos que questionem sua visão de mundo. Achei bem impressionante, nesse contexto, a conferência "Evitar o colapso sistêmico" organizada pela OCDE (Organização para Cooperação e Desenvolvimento Econômico) em setembro de 2019, quando se apresentou um novo relatório, elaborado por um pequeno grupo de trabalho para Novas Abordagens para Desafios Econômicos (New Approaches for Economic Challenges). O texto apresentou uma longa lista de descobertas empíricas sobre a insuficiência dos modelos baseados no *Homo oeconomicus* e apontou que a ideia da substitutibilidade do capital no trato com a natureza é tão pouco útil quanto a ideia de que o crescimento econômico traz mais inclusão, justiça ou qualidade de vida.

Quando o grupo de trabalho terminou de apresentar seus resultados, o representante dos Estados Unidos lembrou a diretora de programa do NAEC de que tais equívocos ideológicos não se coadunavam com os princípios que deram origem à organização. Afinal, disse ele, eram os países-membros pagantes que determinavam o mandato da OCDE.

E a grande maioria dos diretores? Segundo Jamie Gamble, a sua reação à proposta de que, no futuro, os empreendimentos devam ser legalmente responsáveis pelas relações com seus funcionários, clientes, regiões em que trabalham, o meio ambiente e futuras gerações era, até agora, tudo menos eufórica.

"Eu nunca me sinto desencorajado", escreveu Schumacher certa vez. "Não posso chamar o vento que nos leva para um mundo melhor. Mas posso armar as velas para aproveitá-lo quando ele chegar."[2]

Bem, a OCDE causou um pouco de agitação — quem sabe até mesmo contra o veto aberto dos Estados Unidos. Seja como for, já mudou o seu lema de "política melhor para o crescimento" para "políticas melhores para uma vida melhor".

SER HUMANO E COMPORTAMENTO

As ciências econômicas ainda costumam pensar o homem como uma criatura egoísta que só visa o benefício próprio e, por isso, cria bem-estar para todos de um jeito milagroso. Essa imagem é falsa e precisa ser revista urgentemente. Um sistema que premia o egoísmo educa para o egoísmo. Precisamos de uma nova abordagem dos valores que estimulem as pessoas em sua disposição para a cooperação.

5
Crescimento e desenvolvimento

"O mundo está enfrentando três crises existenciais: a crise climática, a crise da desigualdade e uma crise da democracia. Mesmo assim, os caminhos estabelecidos como medimos o progresso econômico não nos fornecem o menor indício de que possamos estar tendo um problema."

Joseph Stiglitz, economista

Karsten Schwanke é um dos "moços do tempo" mais populares da TV alemã. Seu programa costuma apresentar aos telespectadores fenômenos meteorológicos interessantes. Em três ou quatro minutos, Schwanke consegue explicar por que o arco-íris é curvo ou as nuvens não caem do céu. Mesmo que nunca nos tenhamos questionado sobre esses fenômenos, de repente esperamos respostas. Há algum tempo ele vem falando de mudanças climáticas. Explica por que o gelo na Antártica derrete, embora a temperatura ali nunca passe de zero grau, ou o que a seca na Alemanha tem a ver com incêndios florestais na Califórnia ou inundações na Itália. Num programa em que normalmente se fala sobre coisas tão neutras como o sol ou a chuva, de repente surge o apocalipse. Isso é quase tão irritante quanto os dois homens que na hora do rush matinal sobem no vagão do metrô que deveria nos levar até o escritório.

Nas redes sociais, os programas em que Karsten Schwanke explica as mudanças climáticas são um sucesso total. Mesmo meses depois, as edições dos programas são compartilhadas dezenas de milhares de vezes e têm milhões de visualizações. Os espectadores vivem pedindo ao canal ARD que Karsten Schwanke tenha um programa próprio antes do jornal das oito.

Como cientista que lida com sustentabilidade, eu também já recomendei isso, porque assim o tema ganha mais importância e um espaço no horário nobre. Enquanto economista política, acho principalmente interessante que o noticiário meteorológico, desse jeito, viria logo após as notícias sobre a Bolsa.

Das curvas do crescimento acionário até as curvas das emissões de CO_2.

E, assim, o preço que as mudanças climáticas exigem ao nosso sistema econômico se tornaria visível de forma clara, em poucos minutos e no horário nobre.

Desde 1958, o Observatório de Mauna Loa, no Havaí, mede o teor de dióxido de carbono na atmosfera terrestre. A estação foi montada bem longe da civilização, na face de um vulcão protegida do vento, a mais de 3 mil metros acima do nível do mar e a quase 4 mil quilômetros de distância da costa norte-americana. O objetivo era diminuir fatores que pudessem influir nas medições. Assim, o conjunto de dados produzido ininterruptamente há mais de sessenta anos é um dos mais preciosos da Terra.

Quem olha para a curva resultante dessas medições verá que ela sobe quase sem parar, com três exceções: em meados dos anos 1970, no início dos anos 1990 e depois de 2008.

E por quê?

Em meados dos anos 1970 houve a crise do petróleo, quando os estados produtores árabes fizeram um corte de apenas 5% na produção, e o preço do petróleo quase dobrou em pouquíssimo tempo. No início dos anos 1990 ocorreu a implosão da União Soviética, e em 2008 foi a crise financeira que desacelerou o crescimento do PIB em muitos países. Bem diversos do ponto de vista político, os três eventos representam o mesmo do ponto de vista da economia: produz-se menos, transporta-se menos, consome-se menos e, assim, emite-se menos dióxido de carbono.

Em outras palavras: se a economia encolhe, o clima muda menos. Já o crescimento econômico acelera as mudanças climáticas.

Em termos ainda mais simples: crescimento econômico, na forma atual, significa mudança climática. E mais crescimento econômico significa ainda mais mudanças climáticas.

É nisso que reside a lógica fatal da nossa civilização.

Você não acredita?

Então, compare a curva de Mauna Loa à da produtividade mundial nos últimos sessenta anos. Você verá que ambas cresceram cada vez mais. Verá também que as economias somadas de emissões de CO_2 foram insuficientes para modificar o quadro geral. As curvas praticamente são iguais, como mostrou o físico Henrik Nordborg em seu ensaio, em tradução livre para o português, "Um fantasma ronda o mundo, o fantasma dos fatos".[1]

É uma constatação nada bonita, à qual devemos nos render. A outra é que todas as tentativas de resolver essa conexão até agora não tiveram sucesso.

Nem os acordos climáticos de Quioto ou de Paris nem a ampliação do uso de energias renováveis conseguiram impedir o aumento do teor de dióxido de carbono na atmosfera.

E os dados relativos à extração de matérias-primas, perda de biodiversidade ou lixo plástico? O mesmo padrão se repete: todas as curvas apontando para cima.

Trata-se de um balanço deprimente, mas não surpreende. Enquanto a humanidade se agarra à ideia de que precisa produzir cada vez mais, todo progresso voltado para si ou para o meio ambiente é anulado por outro.

Será que isso foi causado pelo crescimento exponencial da população mundial precisamente nessa época? Sim, mas não somente. Na Alemanha, por exemplo, a população já não aumenta há décadas, tendo até mesmo encolhido durante algum tempo. Mas só conseguimos um lugar entre os primeiros no ranking dos países que mais protegem o clima por causa dos maciços cortes de emissões de CO_2 decorrentes do colapso da antiga Alemanha Oriental. Certo, houve muitas melhorias tecnológicas e progressos na reciclagem que melhoraram a soma da energia e dos recursos necessários em comparação com a produtividade: uma geladeira, um carro, um aquecedor já não emitem mais tanto. Mesmo assim, a demanda por eletricidade desde 1990 subiu mais de 10%, enquanto o consumo de energia só caiu uns 3%.[2]

E é por isso que o prognóstico do relatório "Os limites do crescimento", de 1972, continua atual. O crescimento da produtividade é limitado, porque o volume daquilo que podemos retirar ou acrescentar ao planeta é limitado. Apesar disso, ainda seguimos medindo a produtividade — ou seja, o crescimento — sem olhar para essas restrições físicas que se desenham.

Pois o PIB só abrange o valor total de todos os produtos e serviços gerados ou ofertados em um ano em um país. Há 250 anos, quando o conceito de PIB foi inventado na Inglaterra, ainda se diferenciava entre as categorias solo, gado e tesouro do Estado. Mas o indicador só começou a ser utilizado politicamente na Segunda Guerra Mundial, quando, principalmente os Estados Unidos, quiseram saber com que velocidade a sua economia poderia financiar o armamento necessário. Desde então, o PIB se tornou o indicador que mede crescimento e bem-estar. Um conceito vira um número que, por sua vez, gera decisões econômicas, políticas e sociais. Quanta perda de valor e quantos prejuízos se escondem atrás desse número, isso não fica claro.

Exemplos?

CRESCIMENTO E DESENVOLVIMENTO

Um acidente com um navio que derrama petróleo e empesteia um trecho do litoral contribui para o aumento do PIB, porque outras empresas vêm fazer a limpeza do óleo nas praias e, portanto, geram serviços. Os danos causados pelo petróleo no ecossistema não têm impacto no PIB porque a natureza, como vimos, não entra em nenhuma contabilidade econômica. Já um pai ou uma mãe, que depois do nascimento do filho ficam um tempo de licença em casa em vez de voltar logo ao trabalho, fazem o PIB cair. Pois o bem-estar do filho e dos pais que começam a sua vida conjunta não conta aqui.[3] A definição mais impressionante sobre o que esse indicador revela foi cunhada em 1968 por Robert Kennedy, o irmão de John F. Kennedy: "O Produto Interno Bruto mede tudo menos aquilo que faz a vida valer a pena."

Na maioria dos livros de teoria econômica parte-se do princípio de que, grosso modo, o balanço é positivo. Isso evidentemente tem a ver com o *Homo oeconomicus* que, como se sabe, é egoísta e insaciável. O proveito individual, portanto, é gerado por mais consumo ou menos trabalho.

Voltando: em um mundo vazio, com menos gente, menos bem-estar material e natureza generosa, fazia sentido supor que produzir mais gerasse mais benefício. O sistema econômico erigido sobre essa ideia mira em produzir e crescer e investir de maneira que as inovações possam gerar mais produção, pois mais produção significa mais benefício para os consumidores.

Essa equação da ideia do progresso econômico fazia sentido na antiga realidade, como quero chamá-la a partir de agora, em que a maioria das pessoas ainda precisava viver com pouco ou nenhum bem-estar. Até hoje a equação vale em países e para pessoas que não têm alimentação suficiente, moradia segura, roupa, abastecimento de energia e assistência sanitária.

Mas lembra o paradoxo de Easterlin?

A equação deixa de funcionar em algum momento, e cada dólar ou cada posse a mais não têm mais o mesmo valor para as pessoas como os dólares e as posses até esse grau de saturação.

Mas o sistema econômico focado em crescimento não quer saber disso. Nem sequer prevê a pergunta sobre se algum dia se chegará a um "basta". E assim hoje estamos no ponto em que o abastecimento melhor — originalmente previsto — das pessoas com bens e serviços de que realmente precisam nem é mais o verdadeiro objetivo. Nós invertemos o meio e o fim. Embora nem nos demos conta disso no dia a dia, é interessante notar que sabemos muito bem quem precisa fazer o que nesse sistema a fim de gerar mais crescimento. Além disso, cada um espera do outro que se comporte de acordo. Caso contrário, poderá haver problemas.

Não é assim?

Então imagine como reagiria a Bolsa de Valores se a Apple não lançasse regularmente um iPhone novo, independentemente de ele ser realmente tão melhor e mais útil do que o anterior.

E o que diria a Apple se, precisamente por essa razão, as regras fiscais para celulares fossem mudadas? Como gritariam os investidores se a venda de celulares caísse por conta disso? E o que achariam os empregados da Apple se houvesse corte de empregos para não deixar de servir os investidores? E ainda por cima caindo o consumo de novos celulares...

As empresas precisam produzir novidades, os consumidores devem consumir produtos novos e os engenheiros e as engenheiras precisam inventar coisas novas a serem lançadas no mercado com ajuda da propaganda, enquanto os bancos concedem créditos e os políticos criam as condições propícias, o que, na verdade, significa que não farão nada que possa pôr em risco o crescimento para o qual se gasta dinheiro.

Pois parece que só o crescimento econômico assegura empregos, investimentos e renda tributária. Portanto, cada um(a) precisa contribuir para esse crescimento, assim como todos dependem de que cada um faça o mesmo.

Por essa razão, as pessoas assistem ao noticiário sobre a Bolsa, porque acham que assim serão informados de alguma coisa sobre o crescimento econômico e o seu futuro, mesmo que não possuam ações. Enquanto os gráficos apontam para cima, tudo parece ir bem — mesmo que esses gráficos não digam nada sobre o nosso bem-estar e quase nada sobre o nosso futuro.

Na antiga realidade dos ingleses pais da economia, ninguém se perguntava de que se deveriam fabricar esses produtos sempre novos. Daí a ideia de uma perfeita espiral ascendente.

O problema é: essa perfeita espiral ascendente não existe.

Pois, como vimos no capítulo sobre a nossa relação com a natureza, o homem não organiza a economia como um ciclo fechado, e sim como uma esteira rolante gigantesca, hoje global, que carrega primeiro matérias-primas e energia, transforma-as em bens que são descarregados na forma de dinheiro, de um lado, e de lixo, de outro.

Na antiga realidade, portanto, o prognóstico era de que essa forma de economia geraria "a maior felicidade ao maior número de pessoas envolvidas". Foi assim que Jeremy Bentham, outro pensador inglês do século XVIII, formulou a ideia básica do utilitarismo. Essa filosofia oferece uma perspectiva ética que julga o meio escolhido a partir do resultado.

Enquanto um sistema econômico traz cada vez mais felicidade para cada vez mais gente, ele funciona. Ao definir felicidade, em sua *Introdução aos princípios da moral e da legislação* (1789), Bentham ainda se referia a um máximo de sensações positivas e um mínimo de sensações negativas. Outros economistas do seu tempo transformaram a mensurabilidade da felicidade ou do utilitarismo, ou seja, do benefício, em valores pecuniários: é o valor da mercadoria ou do salário o que indica o benefício.

Por outro lado, como fazer o maior número possível de pessoas participarem do bem-estar geral foi algo que Adam Smith já explicou no primeiro capítulo de sua obra *A riqueza das nações*:

"É a grande multiplicação da produção de todos os diversos ofícios — multiplicação esta decorrente da divisão do trabalho — que gera, em uma sociedade bem dirigida, aquela riqueza universal que se estende até as camadas mais baixas do povo."[4]

Ou seja: para que os pobres possam ganhar uma fatia maior do bolo, é preciso que ele cresça sem parar.

Embora Adam Smith tenha cunhado o seu conceito de uma "sociedade bem dirigida" como uma indireta para o rei — o qual, segundo ele, deveria se manter fora da economia e que, a seu ver, fazia uso excessivo de seus privilégios —, este conceito continua sendo usado, mesmo se há muito tempo já não é mais um rei quem governa, e sim o Estado democrático, e no qual Smith via o dever de restringir o poder dos grandes atores. Os mercados, segundo se acredita até hoje, seriam a melhor forma de organização de geração de valor. Volta e meia há divergências sobre a divisão de trabalho entre Estado e mercado, e hoje em dia esse debate se aguça em torno das questões das atividades de investimento estatal e do grau adequado de endividamento, ou então a correta utilização das reservas dos bancos centrais.

Desde os anos 1970, ganhou influência a corrente de economistas que querem criar o máximo de espaço livre para atores do setor privado. Segundo esses economistas, o Estado deve se manter fora da economia, uma vez que os mercados seriam mais aptos a distribuir os recursos de maneira eficiente e equalizar melhor oferta e procura — acelerando, assim, o crescimento para que se possa distribuir ainda mais riqueza. Eles também reivindicaram menos impostos para os ricos, para que esses possam investir, criando mais empregos, pagando salários mais altos e, assim, fazendo os lucros gotejarem até as camadas mais baixas da sociedade.

Depois de um excesso de regulação estatal, essa corrente econômica pede mais mercado a fim de dar vida nova ao efeito *trickle-down* (literalmente, gotejamento) de Adam Smith, descrito acima.

A expressão surgiu nos Estados Unidos nos pronunciamentos dos presidentes John F. Kennedy e de Ronald Reagan, bem como nas falas de Margaret Thatcher na Grã-Bretanha. Desde os anos 1980, em muitos países do mundo, ela tem servido de justificativa para taxar menos as grandes fortunas e as heranças, privatizar empresas estatais e desregular os mercados financeiros, retirando controles e criando as condições políticas para desenvolver um volume inédito de "produtos" financeiros.

"A maré alta levanta todos os barcos", foi o aforismo associado a esse tipo de política econômica.

Meio século depois, somos obrigados a constatar que a conta não fechou. É verdade que continuam sendo apresentados os dados impressionantes da plataforma Our World in Data, e da Universidade de Oxford, segundo os quais a participação das pessoas que vivem na pobreza caiu de 94% em 1820 para 10% hoje. No encontro anual da elite econômica em Davos, tanto Bill Gates, ex-chefe da Microsoft, quanto o professor de Psicologia e autor de best-seller Steven Pinker falaram de maneira bem utilitarista que ninguém deveria reclamar da desigualdade e da concentração de renda no mundo se o modelo econômico reduz de forma tão efetiva a pobreza na Terra. Principalmente Steven Pinker, que até hoje não leva a crise ambiental a sério.

Mas Jason Hickel, antropólogo que lida com dados a partir de uma abordagem forense, argumenta que só a partir de 1981 existem dados confiáveis sobre o nível de pobreza global. Além disso, prova que o padrão do Banco Mundial, segundo o qual supostamente não existe mais "pobreza extrema", é bastante polêmico. Pois conseguir acesso a alimentação saudável, moradia e assistência à saúde nos Estados Unidos com apenas 1,90 dólar por dia parece uma suposição ousada. Se elevássemos essa fronteira da pobreza para permitir uma vida digna, ela deveria ficar entre 7,40 e 15 dólares por dia. E aí a história de sucesso vira fracasso: 7,40 dólares por dia delimitando a linha de pobreza significa que, em 2019, 4,2 bilhões viviam abaixo da linha de pobreza, mais do que em 1981.[5]

Nesse mesmo espaço de tempo, o PIB mundial saltou de 28,4 trilhões de dólares para 82,6 trilhões. De cada dólar a mais, porém, só 5% chegaram até os 60% mais pobres da população mundial. E sabe onde vive a maioria das pessoas cujo padrão de vida ultrapassou a fronteira da pobreza de 1981 para agora?

Na China.[6]

Se descontarmos essa quantidade de pessoas das estatísticas, a variante mais voltada para o mercado do modelo de crescimento não parece ter tido muito *trickle-down* — não parece ter permeado até os mais pobres. Além de haver, hoje, muito mais gente abaixo da linha de pobreza do que em 1981, a parcela de pobres na crescente população mundial estagnou em 60%. E nos países industrializados, desde 1980 a desigualdade entre renda do trabalho e fortuna voltou a aumentar, depois de ter reduzido durante um século.

Hoje, a taxação de ricos e de empresas é a mais baixa em décadas, e o número de milionários cresce sem parar. O recado foi dado também por Thomas Piketty em *O capital no século XXI*, obra muito debatida, levando economistas como Robert Solow a falar de uma nova plutocracia. A tendência é menos dramática na Europa do que no restante do mundo, mas também na Alemanha todos os indicadores de desigualdade estão subindo.[7]

Diferentemente do que se esperava, os ricos não empregaram o dinheiro economizado em impostos sob a forma de investimentos em atividades produtivas, mas absorveram muitos valores públicos, como instalações de infraestrutura e prédios. Aquilo que chamamos de privatização significa que a fortuna privada líquida nos países ricos nos últimos cinquenta anos cresceu de 200% a 350% do PIB (1970) para entre 400% e 700% (2018), enquanto a renda pública líquida caiu.[8] Com esse tipo de crescimento econômico, os países até podem ter-se tornado mais ricos, mas os Estados empobreceram. Um uso produtivo se transformou em uso improdutivo do capital financeiro: as taxas de utilização dos bens patrimoniais sobem na forma de aluguéis ou arrendamentos, sem criar novos valores.

Outra forma de aplicação popular para o capital excedente tem sido a Bolsa de Valores, onde se ganha mais dinheiro com dinheiro do que com empregos. Nos últimos dez anos, as quinhentas maiores empresas dos Estados Unidos gastaram 5 trilhões de dólares em ações próprias, sendo que 450 dessas empresas investiram mais do que a metade de seus lucros. O corte de impostos do governo Trump ainda deu um empurrão especial. Só em 2018 foi investido um trilhão de dólares na Bolsa.[9] No fundo, o efeito não passa de um truque numérico. Cai a quantidade de ações no mercado, e assim sobe a cotação por ação. Sem que nada mais mude na empresa, ela agora supostamente tem resultados melhores do que antes. E, claro, também sobem os bônus dos executivos dessas empresas. Mais duas belas curvas ascendentes da nossa nova realidade, e estamos falando só de um pequeno recorte.

Já os pobres se endividaram antes da crise financeira com os créditos baratos e tóxicos para aquisição da casa própria e perderam quando a bolha imobiliária estourou, ocasião em que o Estado interveio com dinheiro de impostos para salvar os credores. Assim, os lucros desse jogo arriscado foram privatizados e permaneceram na mão de alguns poucos, enquanto as perdas foram socializadas, ou seja, divididas entre o público em geral.

Ao que parece, a maré alta levantou bem mais rápido iates do que barquinhos de pescadores. E desde que uma enxurrada de dinheiro barato dos bancos centrais foi derramada para resolver a crise financeira, as fortunas e as rendas do 1% mais rico sobem vertiginosamente.

A narrativa do crescimento eterno do consumo não deu certo do ponto de vista ecológico nem do social. Passo a passo, por trás de um cenário com números de tirar o fôlego, criou-se um sistema que destrói nosso planeta, recria relações de propriedade feudais e precisa continuar sempre para não ruir sob o peso de seus desequilíbrios. Apesar de todas as juras em contrário, o verdadeiro objetivo do nosso atual sistema é seguir aumentando infinitamente faturamentos, lucros e fortunas, custe o que custar.

E, no entanto, tem tanto dinheiro concentrado em alguns lugares! Nunca esquecerei de um debate do qual participei na sede das Nações Unidas em Nova York, em 2019, sobre os 39 bilhões de dólares que faltam todos os anos para garantir o acesso de todas as crianças à educação básica. Simultaneamente àquela conferência, a apenas 250 metros de distância, o banco J.P. Morgan, com dinheiro sobrando em caixa, anunciava a distribuição de 40 bilhões de euros entre seus acionistas.[10]

O que falta, portanto, não é crescimento econômico para ter dinheiro e poder proporcionar mais felicidade aos pobres. Falta é vontade econômica e política para voltar a associar a multiplicação de dinheiro à criação de valor e reduzir a apropriação indébita de renda.

O que quero dizer com isso?

Que devemos nos fazer três perguntas básicas quando se trata de crescimento:

Como se produzem bens e serviços?

Como chegam aos consumidores?

E o que acontece com os lucros?

Uma coisa é certa: estamos às voltas com muitos atores, e todos querem alguma coisa em troca. E o que acontece se todos os que participam deste processo perseguem apenas seu próprio benefício e só contabilizam os indicadores monetizáveis? Em seu livro *O valor de tudo*,* a economista Mariana Mazzucato tenta responder a essas perguntas. Ela também mergulhou na história das ideias econômicas para entender como diferentes pensadores explicaram a geração de mais-valia e de bem-estar.

Até o século XIX, ou seja, ainda no pensamento de Adam Smith e David Ricardo, havia uma certa base objetiva para a aferição de criação de valor — por exemplo, a quantidade de terra e materiais, os instrumentos e aparelhos técnicos necessários ou mesmo o tempo utilizado e a qualidade do trabalho. O valor era o resultado da respectiva combinação produtiva desses recursos. Mesmo que não se encontrasse ninguém disposto ou apto a pagar o preço exigido por um bem ou um serviço, isso não diminuía o valor desse bem ou serviço. Pois os preços eram o resultado de uma troca influenciada por interesses, relações de poder e condições políticas. O valor de bens e serviços pode ser imenso

---

* Mariana Mazzucato. *O valor de tudo*. Tradução de Camilo Adorno e Odorico Leal. São Paulo: Companhia das Letras, 2019.

para a vida humana mesmo se atualmente não custa nada. Adam Smith provou isso a partir do paradoxo da água e do diamante.

Além dessas atividades produtivas, também já se conheciam atividades improdutivas. Por exemplo, as que movimentam ou transferem bens e serviços, como o comércio ou a distribuição de dinheiro. Para isso, se previu uma taxa, mas não se falava de valor agregado produtivo. Aliás, contrariamente ao que almejam os financistas, Adam Smith acreditava que a bonificação para esse tipo de movimentação deveria ser reduzida.[11]

Essa diferenciação entre valor e preço se perdeu no utilitarismo e na matematização da economia. Um *Homo oeconomicus* que só pensa em maximizar os benefícios só irá entregar tanto dinheiro por um determinado bem ou serviço quanto este lhe render valor agregado. O valor das coisas, portanto, é determinado pelo seu preço no mercado e não tem mais nada a ver com seus conteúdos ou suas qualidades. O preço *é* o seu valor. As preferências subjetivas (dos consumidores) ganham dos recursos objetivos. O valor de troca se dissocia do valor de uso.

Dessa maneira, tornou-se possível agregar valor a partir da pura negociação. Segundo Mazzucato, isso abriu espaço para uma grande quantidade de receitas não descobertas e não merecidas que nascem a partir de taxas desproporcionais no processo dessas transferências. Deu para perceber o que acontece com o utilitarismo? Isso mesmo: pode sair caro organizar o valor agregado em uma sociedade em benefício da maior quantidade de pessoas.

Mazzucato mostra isso a partir do exemplo da indústria farmacêutica. Como existem pessoas dispostas a pagar 15 mil euros por um novo medicamento contra o câncer, esse produto passa a "valer" esse preço e é legítimo exigi-lo aos planos de saúde. Não importa se o remédio difere pouco dos que já existem há mais tempo no mercado ou que há pessoas dispostas a pagar qualquer coisa para sobreviver. O preço, nesse caso, reflete mais o benefício de uma posição de poder do que a geração de valor agregado.

Pesquise os saltos de alguns preços de medicamentos depois de fusões entre empresas do setor. Você se surpreenderá como alguns novos donos de negócio nivelaram o valor de alguns produtos, comparado com seus antecessores.

Nos índices de crescimento da própria empresa e do PIB não aparece que esse "valor" não foi criado a partir do zero. Ao contrário, números mais elevados sugerem sucesso e progresso. Assim, dentro de uma visão de mundo de uma economia de trocas continuará sendo muito difícil argumentar contra tais práticas.

Na teoria subjetiva do valor, portanto, pessoas com elevadas receitas não apenas podem se considerar bem-sucedidas, como afirmar que estão criando uma mais-valia social elevada. Em teoria, temos aqui algo chamado de raciocínio circular: os lucros são justificados pelo argumento de que alguma coisa foi produzida e que tem um valor. Valor este, por sua vez, que se orienta pelo rendimento econômico.

Pronto, o ciclo fechou.

E sem considerar as questões da distribuição mais justa, da criação de valor mais econômico possível e dos resultados socialmente desejáveis dessa criação de valor.

Não admira que Marina Mazzucato tenha se tornado conhecida e que, como escreveu a revista *Manager Magazin*, "privou a elite empresarial da licença de se gabar".[12] Como é o caso do banco J.P. Morgan. Ainda que os 40 bilhões de euros tenham sido gerados por negócios especulativos de altíssima velocidade por meio de programas de computador orientados por algoritmos, possivelmente tendo abalado as economias de países inteiros: o valor do dinheiro sinaliza valor agregado. E o criador desse valor ganhou seus lucros de maneira produtiva. Não surpreende que notas promissórias ou fundos de ações muitas vezes sejam chamados de "produtos" financeiros. Desde os anos 1970, as atividades do setor financeiro entram nos cálculos do PIB, paralelamente às medidas de desregulação que reduziram os controles nesse setor. O salto é impressionante. Com o tempo, transferências improdutivas de recursos viraram um novo modelo de negócios altamente lucrativo. Vejamos mais uma vez como funciona: expectativas de lucros futuros influenciam processos de produção, regras de remuneração e tecnologias que vencerão na economia real.

Acredito que precisaremos de muito mais transparência e clareza nas relações entre preço e valor.

E que merece muito mais debate a mensagem de Mazzucato: a de permitir um sistema econômico mais sustentável que impeça a apropriação indébita de valor e que "limpe" a contabilidade de acordo com valores mais objetivos.

Acredito que mais tarde, quando esse sistema míope de crescimento produzir cada vez mais sintomas de crises globalmente, mais cuidado deve ser trazido ao debate e à busca por progresso e por um bom sistema econômico. Tomara que, então, comecemos a repensar nossos conceitos e valores, bem como quais transformações são factíveis ou desejáveis.

Do produto ao processo.
Da esteira transportadora ao ciclo fechado.
Da peça individual ao sistema.
Da extração à regeneração.
Da competição à cooperação.
Do desequilíbrio ao equilíbrio.
Do dinheiro ao valor.

É por meio da linguagem e dos conceitos que expressamos aquilo que buscamos e em que queremos prestar atenção. Por isso, desenvolver um conceito ou uma teoria significa traçar as fronteiras do pensamento e, assim, os limites do espaço possível para forjar o nosso futuro. Pois construímos nosso futuro dia após dia, a partir das inovações e da tecnologia, do nosso comportamento, das nossas decisões e das regras de convivência que estabelecemos para nós mesmos. O que muda tudo são os objetivos que nos regem.

Um sistema econômico que, num mundo limitado e com recursos finitos, aposta em crescimento contínuo, não é sustentável. Será preciso renegociar os fatores que definem o bem-estar das pessoas de amanhã. Isso exige novos conceitos que expressem o que consideramos importante a partir de agora. A destruição do planeta não pode significar mais crescimento. A pura multiplicação de dinheiro não pode mais ser criação de valor. Os limites do crescimento serão dados pela superação da geração de danos ambientais e sociais.

6
Progresso tecnológico

"O efeito combinado das revoluções industrial e científica foi duplamente disruptivo e transformou tanto a estrutura da sociedade quanto o modo pelo qual as pessoas explicam o mundo."

Jeremy Lent, empresário e autor

A eletrificação do mundo começou com a lâmpada incandescente. Durante muito tempo, a eletricidade foi um luxo reservado a hotéis, escritórios e teatros, mas no fim do século XIX também passou a existir cada vez mais nas residências dos mais abastados. A lâmpada incandescente foi o primeiro produto que fez as casas serem ligadas a uma rede elétrica. A eficiência das primeiras lâmpadas era baixa, a maior parte da energia era convertida em calor e não em luz. Mas comparado às lamparinas a gás ou mesmo candeeiros a vela, a lâmpada elétrica representou um enorme progresso na iluminação artificial e, dessa maneira, um caminho a um estilo de vida independente da luz do dia.

Algumas décadas depois, os engenheiros conseguiram trocar o fio de carbono que até então brilhava dentro da lâmpada por um de tungstênio, metal pesado que não queima tão rápido e, além disso, tinha mais brilho. Mais um progresso no quesito eficiência. Para ter o mesmo rendimento, as lâmpadas com fios de tungstênio só necessitam de um quarto da energia elétrica de uma lâmpada com fio de carbono. Para as empresas de energia elétrica da época, no entanto, essa foi uma notícia terrível.

Quando as novas lâmpadas chegaram ao mercado no início do século XX na Inglaterra, as companhias de eletricidade locais temeram que seus negócios fossem falir, e isso parecia lógico, já que as pessoas poderiam ter a mesma quantidade de luz com menos energia elétrica. Para fazer frente às possíveis perdas com a queda do consumo, algumas companhias pensaram em aumentar as tarifas.

Curiosamente, ocorreu o contrário.

Com o consumo mais baixo, havia mais energia elétrica no mercado, o que fez o preço cair e mais gente ter acesso à iluminação elétrica. O produto de luxo se tornou um produto de massa, e isso foi um progresso. Paradoxalmente, no entanto, a mesma lâmpada elétrica que consumia menos energia impulsionou a procura de energia elétrica. O aumento da eficiência gerou um aumento do consumo.

A ciência econômica chama isso de "efeito rebote".

Trata-se de um dos maiores empecilhos rumo a uma economia mais sustentável.

Se hoje perguntarmos o que é progresso, a maioria das pessoas se lembrará de cara — e exclusivamente — do progresso tecnológico. Não é de se admirar. Outros exemplos são bem menos palpáveis: o que hoje resolve desavenças já não são mais brigas físicas e assassinatos, e sim a lei e os tribunais; as mulheres já não são mais queimadas na fogueira como bruxas, podem votar na maioria dos países e (pelo menos oficialmente) levar uma vida equiparada aos homens; a ciência é reconhecida como método e pode fundamentar decisões políticas. Ou seja, existe um progresso social. Isso costuma ensejar divergências sobre o que é uma evolução boa e o que é uma evolução ruim, e essas divergências têm a ver com a identidade da pessoa e a posição que ela conquistou na sociedade. Seja como for, ideias básicas da convivência desejável convergiram e encontraram expressão em documentos como a Declaração dos Direitos Humanos ou os Objetivos Globais de Desenvolvimento

PROGRESSO TECNOLÓGICO

Sustentável da ONU. Pode haver retrocessos, e precisamente nos dias de hoje percebemos em muitas sociedades que esses temas continuam polêmicos.

Já o progresso técnico conta a história da humanidade como uma história de sucesso que vai em linha reta do machado da Idade da Pedra ao smartphone. Tudo o que o homem inventou e desenvolveu nesse caminho ampliou suas possibilidades e confirma que ele escolheu o caminho certo.

Lembra o capítulo sobre a nova realidade?

Num "mundo vazio", quando havia poucas pessoas com muito planeta à disposição, o progresso tecnológico equivalia à possibilidade de multiplicar a força física por máquinas movidas a combustíveis fósseis, a fim de produzir cada vez mais bens, com qualidade cada vez melhor, em espaços de tempo cada vez menores. Os sistemas que impulsionavam isso se tornaram o motor das fábricas, da produção em massa e, assim, da máquina do crescimento.

A ideia moderna de desenvolvimento se caracteriza por essa compreensão mecanicista e técnica de progresso, com ênfase em *moderno*, contrastando com o antigo. O sentido do desenvolvimento é a expansão. Novo é sinônimo de *mais*, no sentido de mais forte, maior, mais produtivo.

Num mundo lotado, em que a economia fóssil passou a ameaçar as bases de sobrevivência da humanidade, o progresso tecnológico ganhou uma tarefa adicional: a intensificação. O "novo novo" significa fazer *mais com menos*, permitindo assegurar e aumentar o crescimento econômico sem destruir o meio ambiente. Os ganhos em eficiências se tornaram a meta declarada, expressa não apenas em valores monetários, mas também na intensidade de CO_2 ou na intensidade de recursos do crescimento. Trata-se de um passo adiante em relação a Robert Solow e à substitutibilidade do capital.

É o que pensam os que preferem apostar em inovação e rupturas tecnológicas em vez de obedecer a vetos e regras por parte do Estado para resolver os problemas ambientais globais, das mudanças climáticas à extinção de espécies, passando pelo saque de todos os sistemas naturais.

O progresso tecnológico ajudou a explorar a natureza a fim de gerar crescimento material. Agora, a ideia é explorar menos a natureza, mas fazendo o PIB crescer mesmo assim. Ou seja, salvar o planeta sem abrir mão do aumento do bem-estar. Viver de forma sustentável, sem perdas. Ao contrário, é rentável. Porque mesmo se os preços estão longe de expressar a verdade ecológica, financeiramente é mais rentável manter o consumo de recursos baixo. Essa é a ideia da chamada dissociação simples, que durante muito tempo teve muitos entusiastas, porque parecia que as transformações podiam ser feitas sem que as pessoas percebessem.

Continuar tudo como antes, só que com mais eficiência.

Isso pode dar certo?

O primeiro alerta de que o progresso tecnológico por si só é insuficiente já tem 150 anos e foi dado pelo economista inglês William Stanley Jevons. Ele observou que, no início do século XIX, o consumo de carvão deu um salto na Inglaterra, embora James Watt tivesse melhorado a máquina a vapor de forma a reduzir o consumo de carvão em dois terços, assim como mais tarde haveria de acontecer com a lâmpada incandescente: dissemina-se uma nova tecnologia, mais econômica, mas aumenta-se o consumo, anulando toda a economia feita ou até mesmo superando-a.

"Trata-se de um total equívoco supor que o uso eficiente de combustíveis possa resultar em menos consumo. O que acontece é o contrário",[1] resumiu William Stanley Jevons no que posteriormente foi batizado de "paradoxo de Jevons" e, depois, de "efeito rebote" ou "efeito bumerangue".

Para a Inglaterra — totalmente dependente de carvão extraído no próprio país durante a época da industrialização para dar seu salto econômico vertiginoso —, essa descoberta teve um significado enorme.

PROGRESSO TECNOLÓGICO

Não era só o fato de que máquinas mais eficientes não significariam redução do consumo das reservas de recursos do país. Não: na espiral do crescimento entre preços mais vantajosos e a daí resultante disseminação de produtos mais intensos em energia, o processo foi até mesmo acelerado. Em vez de adiar a crise energética, ela foi turbinada.

E agora?

Cem anos antes de a humanidade toda entender que está vivendo uma nova realidade e que precisa aprender a lidar com um planeta lotado, os ingleses já enfrentaram o mesmo problema em nível nacional.

E que solução encontraram?

Nenhuma, porque algo novo os impediu.

E o que foi isso?

O petróleo.

Antes de se iniciar a extração desenfreada de reservas de carvão nas colônias, foi descoberta uma nova fonte de energia nos Estados Unidos, o petróleo, inaugurando uma era em que a energia parecia abundante e ilimitada. Assim, o efeito rebote acabou esquecido. O petróleo ilimitado foi o combustível da ideia do crescimento econômico infinito, que, por sua vez, parecia ser o motor do bem-estar acelerando para todos.

Essa expectativa se confirmou para a maioria das sociedades ocidentais, no mais tardar depois da Segunda Guerra Mundial. E para a maioria das sociedades não ocidentais foi o modelo de seus desejos e pelo qual ansiavam. No que se refere a esse ponto, não houve diferença entre democracia e ditadura. Não admira que, nessas condições, durante cem anos ninguém se interessasse mais pelo efeito rebote. E pouca coisa mudou nesses últimos anos. Pois é cada vez mais evidente que o sonho da dissociação simples é uma conta que não fecha.

Tomemos o exemplo do automóvel.

Em meados dos anos 1950, um Fusca precisava de 7,5 litros de gasolina para rodar cem quilômetros. Quando a empresa Volkswagen reeditou o veículo no fim dos anos 1990, o consumo era quase igual, apesar dos quarenta anos de desenvolvimento tecnológico, engenharia e busca pela eficiência entre os dois modelos.

O que aconteceu?

Claro, a causa foi do próprio carro. O novo Fusca dos anos 1990 já não tinha mais os trinta cavalos do seu antecessor, mas sim noventa ou 115, dependendo do motor, enquanto a velocidade máxima subiu de 110 km/h para 160 km/h. A economia de combustível foi usada para gerar desempenho adicional. Não se poupou combustível nem material: o veículo passou de 739 quilos para 1.200 quilos.[2]

O carro é um bom exemplo para a diversidade de aspectos do efeito rebote. É um dos produtos em que quase todos os aumentos de eficiência em todos os níveis acabaram anulados, pelo menos parcialmente.

Tornar nula a economia pode ocorrer de forma direta. Exemplo: alguém que comprou um carro econômico, que consome pouca gasolina, passa a usá-lo com mais frequência, fazendo excursões ou indo de carro às compras, em vez de ir no mercado do bairro. Pode ser que essa pessoa aceite um emprego em outra cidade e use o carro como meio de transporte. Mas pode ocorrer de forma indireta, por exemplo: comprando algo com esse dinheiro poupado, um novo celular, um voo doméstico, um segundo carro econômico para outro membro da família.

O mesmo ocorre no nível do fabricante. Ele pode reinvestir o dinheiro economizado com a redução do consumo de energia e decidir aumentar a produção, colocando mais carros no mercado, oferecendo versões como o Fusca reeditado ou desenvolvendo modelos totalmente novos, como os SUVs. Então, os donos de carros menores se sentirão menos seguros, invejarão os proprietários de SUVs pelo seu status ou por mais espaço no carro. Mais espaço usado por carros privados significa, automaticamente, menos espaço público para pedestres, ciclistas e outros usos de áreas que terão de ser aumentadas.

Até o carro elétrico, visto como alternativa ambientalmente correta porque emite menos carbono, tem um efeito rebote, apesar de usar energia renovável. Primeiro, porque, para fabricar as baterias, é preciso energia e metais de terras raras, cuja extração causa danos. Segundo, porque precisa-se de energia e materiais para instalar uma estrutura para carregar os carros.

Um carro elétrico como o Audi E-tron, veículo de passeio urbano que pesa mais de 2,5 toneladas e cuja bateria tem setecentos quilos para que o carro gigantesco possa se movimentar, mostra que a tecnologia é capaz de resolver as coisas com rapidez e eficiência, mas não muito bem. Só para fabricar as baterias de 100 KWh para grandes carros elétricos emitem-se de quinze a vinte toneladas de CO_2, o mesmo emitido por um carro econômico a gasolina ou diesel depois de rodar 200 mil quilômetros.[3] Quem olhar só para o produto individual ou só para um determinado aspecto dele desconhece o contexto em que nos movemos. Ele inclui reflexões sobre como se modifica a grande engrenagem na qual se inserem diferentes novas tecnologias. Para usar uma expressão da moda na ciência, é preciso pensar de maneira sistêmica. Isso já conhecemos no capítulo sobre a natureza: quando se modifica um elemento, muda também a dinâmica dos processos nos quais este elemento está inserido. Na dúvida, mudam também os outros elementos com os quais ele está ligado.

Por isso, a pesquisa sobre transformação fala também de sistemas sociotecnológicos ou socioambientais. Novas tecnologias não deixam simplesmente o seu contexto como era antes. Visto de maneira sistêmica, muda o saber, mudam as formas de comunicação, as relações e os comportamentos, rotinas de trabalho e a estrutura cotidiana, modificam interesses, relações de poder, fortunas, nossa infraestrutura e a paisagem. Por outro lado, essas estruturas sistêmicas determinam quais as tecnologias devem parecer interessantes, desejáveis ou com boa chance de serem disseminadas.

Por que isso é importante?

Ao longo dos últimos trinta anos, nossa sociedade industrial obteve gigantescos progressos em termos de eficiência. Para produzir uma unidade do PIB, a economia alemã precisa hoje de muito menos energia, CO_2 e material — e, portanto, menos natureza — do que nunca. Infelizmente, porém, ainda estamos muito distantes da nossa participação justa no consumo de natureza. Lembra o Dia da Sobrecarga da Terra? A cada ano que passa, cresce nosso débito com aquilo que consumimos em relação ao que a Terra pode gerar. Lembremos: em maio de 2019, a Alemanha "entrou no cheque especial".

Apesar disso, não se coloca em xeque o objetivo de mais crescimento por meio de inovação e progresso. Ao contrário, rendimento, lucros, faturamento e crescimento econômico são os indicadores centrais para inovações bem-sucedidas.

Mas enquanto a economia mundial tem como finalidade continuar crescendo, não se persegue a meta de viver bem dentro dos limites planetários, inventando, para isso, as soluções, conforme demanda a eficiência sistêmica dos ecossistemas. Expressando de forma algo simplista, a ideia de eficiência nas ciências econômicas significa ter sempre dois pelo preço de um.

E vimos que as ideias têm a propriedade de ter efeitos diretos sobre a realidade. Dois pelo preço de um é um meio muito real de sufocar no nascedouro o sonho da dissociação absoluta, ou seja, o aumento do consumo de recursos.[4] Continuamos impulsionando para cima com eficiência as curvas de emissão de CO_2 e do consumo de recursos.

Fazemos isso em vários setores da nossa vida.

Os aparelhos de calefação hoje são mais econômicos do que antes, os prédios já têm isolamento térmico, mas, como a necessidade de espaço por cabeça aumentou, o consumo de energia acaba não caindo.

O mesmo vale para os eletrodomésticos, que atualmente consomem menos energia. Em compensação, possuímos hoje mais aparelhos, geralmente com uma vida útil menor.

O que ainda ontem era considerado luxo, hoje é visto como normal e precisa existir para garantir um bom padrão de vida.

Água quente na torneira.

Um carro por família.
Uma máquina de lavar em cada casa.
Uma TV de tela plana em cada quarto.
Um carro por cabeça.
Morangos frescos o ano inteiro.
Frutas importadas vendidas em bandejinhas.
Viagens de avião duas vezes por mês.

Um dos exemplos mais impressionantes para mostrar como é difícil para a humanidade frear a expansão é a chamada geoengenharia. Trata-se de um conjunto de métodos para frear artificialmente as mudanças climáticas, como grandes áreas reflorestadas ou o alagamento de pântanos. Mas como a necessidade de espaço desse tipo de medida concorre com o crescimento dos nossos assentamentos urbanos, da infraestrutura e da agricultura, surgem novas soluções técnicas, como a ideia de instalar espelhos gigantescos no espaço a fim de criar sombra para a Terra ou lançar toneladas de enxofre na atmosfera para refletir a luz solar, como acontece em uma erupção vulcânica. Alguns pesquisadores também pensam em cultivar algas no mar com adubo ou triturar montanhas, porque a decomposição de rochas também absorve dióxido de carbono.

Isso tudo lembra um filme de James Bond?

Então você deveria saber que quase todos os modelos climáticos para ajudar a impedir um aquecimento de mais de dois graus já contam com o uso de tecnologias de geoengenharia para conseguir compensar parcialmente os impactos das emissões de gases de efeito estufa.

O problema todo é que, no momento, essas tecnologias ainda não estão disponíveis. Ainda não foram experimentadas ou são consideradas arriscadas ou então funcionam em pequena escala, o que não significa que possam ser empregadas em grande estilo. No entanto, aquilo que podem fazer já está nos prognósticos como "emissões negativas".

E como a tecnologia acabará conseguindo, paralelamente já começou uma queda de braço política em torno das matérias-primas e das reservas de petróleo que começam a derreter na região antártica. A pergunta, porém, não é quanto de carvão, petróleo e gás ainda existe sob a terra, e sim de que maneira lidaremos com o fato de que a atmosfera não será capaz de absorver esse dióxido de carbono sem afetar as condições climáticas. Não será possível ampliar os parques de energias renováveis na velocidade desejada. A excelente notícia é que energias renováveis (do ponto de vista dos preços de mercado) muitas vezes já são mais vantajosas do que o carvão. Isso influenciará enormemente as decisões de investimento de longo prazo para a geração de energia. Apesar de tudo isso, a Saudi Aramco, gigante do setor petrolífero, tornou-se uma das empresas mais ricas do mundo depois de abrir seu capital, em 2019. Isso porque a fome por energia é tanta que as energias renováveis já não irão mais desbancar as fontes fósseis, apenas complementá-las, como aconteceu cem anos atrás com o carvão e o petróleo.

Em outras palavras: se continuarmos empregando o progresso tecnológico do mesmo jeito de sempre, sem lhe conferir claramente uma outra função que não a do crescimento econômico de curto prazo e do aumento do consumo, estaremos rigorosamente adiando a solução dos problemas para o futuro.

Falando sério: não acreditei quando Elon Musk apresentou o Cybertruck com sua "carcaça quase impenetrável" e a carroceria feita de "aço inoxidável ultrarresistente" como sendo a próxima geração de carros esportivos. Gabou-se com a aceleração veloz e a capacidade de carga de 1,7 tonelada, enquanto a Variante S carrega 2,1 toneladas. Onde e quando usar essa capacidade, exceto em corridas ou em provas de motocross? E qual é o balanço ecológico desse carro? Segundo Elon Musk, só nos Estados Unidos já existem 250 mil reservas para este modelo.[5]

A que função atende a picape futurista, além dessas funcionalidades pouco úteis?

Como já vimos, essa pergunta quase nunca é colocada. Mas se perseguirmos a questão, como fez o sociólogo Philipp Staab em seu livro *Falsche Versprechen. Wachstum im digitalen Kapitalismus* [Falsas promessas: Crescimento no capitalismo digital], revelar-se-á outra forma de dissociação, dessa vez entre progresso tecnológico e social. De novo, descobriremos que o objetivo supremo é mais faturamento, mais crescimento, e que inovações são um meio para atingir esse fim.

"O ato de comprar, nas sociedades de excesso material, geralmente não reflete o valor de uso dos produtos, e sim, muitas vezes, o seu potencial de diferenciação, ou seja, a possibilidade de se diferenciar das outras pessoas por meio da posse de produtos escassos ou de conotação específica. Do ponto de vista econômico, a vantagem é que necessidades de consumo são tendencialmente inesgotáveis e independentes do valor de uso."[6]

O ser humano é excelente para resolver problemas. Mas se algum problema não é bem descrito, o progresso passa ao largo. Quando penso no exemplo do Cybertruck, sinto estranheza e fico feliz pelo fato de que o governo alemão não autorizou a circulação desse veículo. Visto como símbolo, parece que saiu diretamente do filme *Mad Max, A estrada da fúria*. Não importa quem está no meu caminho: a partir de amanhã vou andar por aí com um belo carro blindado. Prefiro as tendências que vão na direção do cuidado, da ioga, das caminhadas e das trilhas, do detox digital, da autorrealização. Mas você sabia que todas essas tendências foram prognosticadas como desenvolvimento natural das sociedades que enriqueceram com o progresso tecnológico?

E por quem? Por economistas.

Há noventa anos, John Maynard Keynes, um dos economistas mais influentes da história, escreveu um ensaio intitulado *Possibilidades econômicas para nossos netos*. Nele, o autor reflete sobre o que vai acontecer com a humanidade quando tiver resolvido o seu problema econômico, com as necessidades materiais saciadas, possuindo tudo o que precisar. Considerando a crescente produtividade, Keynes supôs que esse ponto poderia ser atingido em 2030. Depois disso, acreditava, precisaremos trabalhar apenas quinze horas por semana para garantir nossa sobrevivência. Então, o crescimento teria se equilibrado em um nível bom, e a economia poderia continuar naquele ritmo.

A pergunta de Keynes é: o que fazer com o tempo ocioso?
Você consegue imaginar?
Claro, vamos curtir a vida.
Keynes também achou isso. Sua ideia foi: então, vamos nos preocupar com nosso bem-estar e fazer todo o nosso potencial humano desabrochar plenamente. Passar o tempo com amigos e família, estudar e dedicar-nos à arte e à cultura.

Curiosamente, o Vale do Silício também reflete sobre como fazer o potencial humano desabrochar. Infelizmente, o resultado não é o mesmo esperado por Keynes.

Pois a internet, que começou como uma fantástica forma nova de comunicação e de troca de conhecimento e informação, tornou-se a encarnação daquilo que o economista e arquiteto Georg Franck chama de "economia da atenção". "A atenção dos outros é a mais irresistível de todas as drogas", constatou, descrevendo a atenção como uma espécie de moeda escassa.[7]

O diagnóstico de Franck foi considerado bem interessante pelos desenvolvedores de serviços digitais, que passaram a conceber suas ofertas e as configurações-padrão de seus produtos com o propósito de fazer as pessoas passarem o máximo de tempo se ocupando com eles. O número de visualizações, cliques e likes dá a medida do sucesso desses produtos. Mas, como se sabe, por trás das "ofertas grátis" se esconde um negócio lucrativo com dados pessoais e receitas publicitárias. As ofertas feitas sob medida são adaptadas a cada um dos meus estados de ânimo, disponibilizadas rapidamente e de maneira confortável. A cada clique, o que começou como moeda digital se transforma em moeda monetária. Embora os dados sejam produzidos exclusivamente pelos usuários, as empresas conseguem extrair o seu bônus.

Na visão de alguns dissidentes do Vale do Silício, essa forma de progresso tecnológico fez com que hoje estejamos debatendo a transformação da atenção das pessoas e do comportamento do aprendizado, das relações sociais e da cultura do diálogo. Não nos preocupamos só com empregos. Refletimos sobre a democracia, sobre comunicação social e manipulação das pessoas.

Tristan Harris, ex-especialista em ética de design da Google e fundador do movimento Time Well Spent [Tempo bem gasto] e do Center for Humane Technology [Centro para Tecnologia Humana], queria descrever os aspectos negativos da revolução tecnológica digital e buscou um conceito semelhante ao da "degradação ecológica", que resume fenômenos individuais como mudanças climáticas, perda de biodiversidade, escassez de água e desertificação em um padrão próprio.

Esse padrão, que Harris propaga em entrevistas e programas de TV, é a "degradação humana" (*human downgrading*): degradação da atenção, da percepção do comportamento adequado, dos processos de entendimento democrático e das relações sociais até o vício das redes sociais.[8]

A "degradação humana" de Harris nos revela sobretudo que o progresso tecnológico por si só ou por causa da maximização dos lucros raramente é cuidadoso com os sistemas em que está inserido.

Seria isso contra inovações?

Do ponto de vista empírico, não. Pois os limites da superexploração de pessoas e natureza poderia impulsionar precisamente a agenda de inovação de que a nova realidade precisa.

As condições mais restritivas desencadeiam muita criatividade no ser humano, muitos projetos para lidar com os recursos, bem no sentido das observações de Darwin sobre a evolução em ecossistemas limitados.

Essa é, portanto, a boa nova: o progresso tecnológico não é bom nem ruim. Pode — e vai — se tornar muito importante para transformar nossa "economia da esteira rolante" em uma economia circular. Também precisamos de tecnologias para entrar em um fornecimento amplo com fontes renováveis e sistemas sustentáveis de mobilidade. Para tal, nosso ideal de progresso deve se orientar de maneira coerente por esses objetivos, e não priorizando a multiplicação de dinheiro, sob pena de inverter o meio e o fim. Olhamos fascinados para o hodômetro e esquecemos para onde queremos ir e quanto combustível ainda temos no tanque.

O progresso tecnológico é visto como o sinal mais evidente do desenvolvimento humano. Mas enquanto não considerarmos a inserção da tecnologia no meio ambiente e na sociedade, faltará o olhar de para onde ela nos leva. Para podermos conviver bem na nova realidade, precisamos modificar a nossa ideia de progresso, sob pena de simplesmente empurrarmos os problemas atuais para o futuro.

7

Consumo

> "Tem gente demais gastando dinheiro que não tem para comprar coisas de que não precisa a fim de impressionar pessoas de quem não gosta."
>
> Robert Quillen, humorista

Um dos livros de não ficção de maior sucesso nos últimos anos foi o guia *A mágica da arrumação*, da japonesa Marie Kondo. Depois de encabeçar a lista dos mais vendidos durante meses a fio no seu país, seus livros sobre arrumação foram traduzidos para quarenta línguas e tiveram mais de 7 milhões de exemplares vendidos, principalmente nos países industrializados ocidentais. Pelo jeito, é onde as pessoas precisam mesmo de orientação para arrumar e jogar fora. Não surpreende, pois, para que o problema exista, é preciso primeiro ter comprado coisas em excesso. O método de Marie Kondo se baseia na simples constatação de que não dá para manter a casa em ordem quando você tem coisas em excesso. No Japão, onde o espaço para moradia é escasso e caro, a ideia faz sentido.

Por isso, Marie Kondo recomenda separar os objetos por categoria, ou seja, fazer um monte de roupas, outro de livros, outro de papelada, outro de cacarecos ou de lembrancinhas, usando um único critério para separar aquilo que você quer guardar daquilo que vai jogar fora: a felicidade. "Ter o objeto x ou y me torna feliz?"

Se não, jogue-o fora.

Além de divulgar o método nos seus livros, Marie Kondo também dá cursos de arrumação, e a Netflix levou ao ar uma série em que ajuda norte-americanos desesperados a esvaziar os seus armários abarrotados, suas cozinhas, seus quartos de hóspedes e as garagens cheias de tralha. Os personagens nem sequer sofriam de transtorno de acumulação compulsiva. Todos, no final, parecem inacreditavelmente aliviados quando o lixeiro leva embora montanhas de sacos plásticos.

Lembram o paradoxo de Easterlin, segundo o qual, a partir de um determinado grau de bem-estar, as pessoas não se tornam mais felizes?

Marie Kondo levou esse paradoxo às telas. A dúvida que logo me veio à cabeça, na condição de pesquisadora sobre sustentabilidade, nem sequer foi aventada na série: e se as pessoas nem tivessem comprado aquilo tudo? E se os objetos não tivessem sido produzidos? Seriam montanhas e montanhas de lixo a menos.

No debate sobre o que a humanidade pode empreender em busca de uma economia mais sustentável e adequada ao equilíbrio ecológico do planeta existem duas propostas. A primeira, que já conhecemos, é a chamada dissociação simples, ou seja: reduzir o consumo de recursos naturais com a ajuda de inovações e progresso tecnológico, sem abrir mão de bem-estar — obviamente, é a mais popular. Mas como vimos no efeito rebote, a humanidade até agora infelizmente não atingiu o objetivo. Encontramos o padrão do efeito rebote na utilização dos recursos tempo, atenção e dinheiro.

Além do lado da oferta, importante papel é exercido também pelos atores do lado da procura, ou seja, os consumidores. A segunda proposta para uma economia mais sustentável, pois, começa precisamente nesse ponto: já que a natureza não pode ser conservada e nem tem como se regenerar quando a economia cresce sem parar, o bem-estar material precisa ser reduzido. Essa medida não costuma ser bem recebida, porque significa para cada um de nós se satisfazer com menos, ou seja, renunciar.

Como vimos no capítulo sobre a natureza, os danos gerados ao meio ambiente pela produção ou pelo uso de um produto não entram em nenhuma contabilidade econômica. O preço que pagamos para um determinado produto, portanto, não corresponde ao seu verdadeiro custo. Isso é um crime contábil, e assim costuma ser designado nas críticas ao PIB. Apesar disso, esse tipo de contabilidade continua sendo um método para baratear as coisas artificialmente. Ou seja: simplesmente se transferem os custos gerados pela produção ou pelo consumo de um produto ou serviço para quem não pode se defender, seja porque não tem voz, seja porque não tem poder.

Vejamos o exemplo de um voo de Frankfurt para Nova York.

Dependendo da época do ano, um bilhete pode custar menos de 300 euros. Além de todos os outros custos, o preço contém obviamente o custo do combustível. Mas não inclui os custos de retirar da atmosfera terrestre o dióxido de carbono emitido durante o voo. Nem a companhia aérea, nem o fornecedor de combustível embutem esses custos no preço da passagem. Todos, inclusive o próprio passageiro, partem do pressuposto de que a atmosfera terrestre absorverá naturalmente o dióxido de carbono emitido por passageiro nesse voo.

"Custos externos" é um conceito disparatado. Pensemos: externo a quê?

Externo, provavelmente, se refere a tudo aquilo por que não nos sentimos responsáveis. Usamos a atmosfera como lixeira e lançamos nela das maneiras mais diferentes os gases do efeito estufa. Mas, depois disso, recusamos veementemente a responsabilidade de limpar a atmosfera. O preço acaba sendo pago, por exemplo, pelas nações insulares, que simplesmente desaparecerão no oceano. Ou pelas pessoas mais pobres, que não podem se dar ao luxo de se adaptar às mudanças climáticas, não têm condições de refazer suas lavouras e casas depois de tempestades e muito menos de se mudar para regiões livres de inundações. Também estaremos atingindo nossos filhos e netos. Eles terão de viver no mundo que deixamos. Essa recusa de assumir responsabilidade é chamada de externalização.

Em seu livro *Neben uns die Sintflut* [A nosso lado, o dilúvio], o sociólogo Stephan Lessenich explicou como o bem-estar do mundo ocidental se fundamenta amplamente no fato de que não assumimos seus custos reais, mas os jogamos para os outros. Para continuar vivendo do mesmo jeito de sempre, não nos interessamos por esse fato, ou fechamos os olhos de propósito. Essa é a realidade aparente que mencionei no início do livro, e que Stephan Lessenich chama de sociedade de externalização.

"Não estamos vivendo *além* das nossas possibilidades", escreveu ele, "estamos vivendo além das possibilidades dos outros".[1]

Alimentamos nosso gado de corte na Alemanha com soja que nem sequer cresce aqui. Importamos essa soja da América do Sul, onde se destroem florestas e pastos para permitir cada vez mais áreas cultivadas, enquanto nós, na Alemanha, produzimos mais carne do que consumimos, razão pela qual a exportamos a baixo custo para países cujos produtores terão dificuldade de competir se não apostarem também na soja barata. As vantagens que os danos ambientais em outro lugar geram no preço produzem outros prejuízos — mas no exterior. As causas são dissociadas dos efeitos, e esses são disseminados ao redor do globo.

Outro exemplo é o biocombustível, por meio do qual a Europa, há alguns anos, tentou melhorar o balanço climático do seu setor de transportes. Pois o dióxido de carbono produzido na queima de biocombustível pode voltar a ser absorvido pelas plantas a partir do qual é produzido. Teoricamente, portanto, trata-se de um ciclo sustentável. Mas como a quantidade de combustível necessária na Europa superava em muito o espaço disponível para cultivar canola ou girassóis, foi preciso importar biocombustível de outras partes do mundo. Você já imagina o que aconteceu: no Sudeste asiático, derrubaram-se florestas inteiras para plantar palmeiras de dendê, com o fim de cobrir a necessidade europeia de biocombustíveis. E a Alemanha preferiu externalizar o fato de que as gigantescas queimadas liberaram enormes quantidades de CO_2 até então presas nas florestas e no solo.

Felizmente, na Alemanha nem percebemos nada disso. Orgulhosos, informamos que a área florestal na Alemanha está estável ou mesmo crescendo. Infelizmente, essas monoculturas não servem muito à biodiversidade, nem são muito resilientes contra as mudanças climáticas, como notamos nos últimos verões. Mesmo assim, sempre ouvimos dizer que as pessoas nos países pobres precisam saber lidar melhor com o seu meio ambiente.

Curiosamente, também para isso a economia encontra a resposta no crescimento. A chamada "curva de Kuznets", batizada em homenagem ao economista Simon Kuznets, que vive nos Estados Unidos, descreve a tese de que a desigualdade de renda em uma sociedade começa aumentando muito numa conjuntura de crescimento econômico, e a partir de um determinado ponto volta a cair. A curva despenca de maneira impressionante. Primeiro, todos têm mais ou menos a mesma coisa; depois, só alguns enriquecem e mais tarde, quase todos.

A tese do *trickle down*, que você já conheceu em relação ao crescimento, foi adaptada à sustentabilidade ecológica. No caso, indica que o grau de poluição ambiental cai à medida que sobe a renda per capita.

Em outras palavras: quanto mais rica se torna uma sociedade, mais interesse ela tem em um meio ambiente limpo, e de mais meios ela dispõe para a infraestrutura necessária.

Será mesmo?

Quando olhamos para a separação de lixo na Alemanha, em um primeiro momento parece que é preciso muito bem-estar para poder financiar um dos sistemas de reciclagem aparentemente mais efetivos do mundo. Estima-se que tenha custado cerca de 1 bilhão de euros por ano. Sem contar o tempo necessário para preencher o sistema conscienciosamente, como o fazem as pessoas na Alemanha.

Será mesmo um modelo de sucesso?

Bem, primeiro é preciso dizer que os alemães produzem mais lixo por cabeça do que quase todos os outros europeus, excetuando os dinamarqueses, os luxemburgueses e os cipriotas. Mas o seu lixo não fica no país. A economia do lixo, na Alemanha, é um ramo de exportação. De acordo com uma pesquisa da Universidade de Würzburg-Schweinfurt, em 2018, medindo em toneladas, a Alemanha exportou mais lixo do que máquinas. Um quinto dos resíduos plásticos produzidos na Alemanha vai para fora do país, geralmente para a Ásia, onde países como Malásia, Índia ou Vietnã reaproveitam uma parcela. O resto vai parar em lixões, nos rios ou no mar. Todos os dias, aterrissam na África 175 aparelhos de TV quebrados provenientes da Alemanha. São desmontados em Gana, na Nigéria ou em Camarões. O que não pode ser vendido vai para os lixões.[2]

Portanto, não protegemos mais o nosso ambiente só porque somos mais ricos. Ao contrário, protegemos nosso próprio ambiente por meio de regras mais severas e contamos com um sistema de lixo muito desenvolvido em termos internacionais. Mas nunca nos questionamos se essa contabilidade está correta. Exportamos o que incomoda e importamos aquilo de que precisamos. Isso acontece em toda a Europa, o continente que mais depende de áreas territoriais de outros países. Medida por país, a "pegada ecológica" revela que a União Europeia precisaria de 640 milhões de hectares para permitir o atual estilo de vida dos europeus. Isso equivale a uma vez e meia a atual área da UE com seus 28 países. Sem a Grã-Bretanha, seriam 80 milhões a menos.[3] No entanto, os importadores que compram os produtos dessas áreas estão mais interessados em preços vantajosos do que em preservar o rendimento sustentável dos solos no longo prazo. O que nos confere esse poder é nosso bem-estar e nossa riqueza, ou seja, a nossa posição privilegiada no mercado.

Tudo isso quer dizer externalização.

No nível dos países, a curva de Kuznets até ocorre frequentemente no sentido de que fenômenos locais de poluição da água ou do ar retrocedem quando melhora o nível econômico da população. Exceto, claro, os casos em que as emissões são manipuladas. Visto globalmente — e a maioria dos problemas ambientais que enfrentamos têm alcance global —, no entanto, essa equação entre bem-estar e proteção ambiental não permite ver as coisias claramente. Portanto, não podemos deixar de enfrentar diretamente a redução do uso dos recursos e reivindicar balanços que ajudam a atingir esse objetivo. Mas geralmente isso ocasiona gritarias e protestos de que isso seria proibição e renúncia, palavras que enfurecem muita gente.

Mas o que significa renúncia?

Só posso renunciar a algo a que eu tenho direito. O problema é que o tipo de bem-estar em que vive o mundo ocidental e que virou modelo para muitos países em desenvolvimento não poderia ter acontecido, de acordo com as regras da sustentabilidade.

Visto dessa maneira, renunciar, nos países ricos — lançando mão de carros blindados e guias para descartar —, na verdade, significa renunciar à destruição do planeta em vez de conservar as bases de sobrevivência da vida no futuro.

Trata-se de um grande pleito.

E não pode ser menos?

Infelizmente, não.

Vamos perguntar de outro jeito. O que precisamos se quisermos estar bem abastecidos?

Segurança de abastecimento inclui tudo aquilo que é preciso para garantir em longo prazo as necessidades básicas do ser humano, como alimentação, água potável, moradia, energia, assistência à saúde e educação. Como já vimos, nossas exigências em relação a essas necessidades básicas cresceram muito no século passado, mas explodiram mesmo nas últimas décadas. No calor do progresso técnico e dos indicadores econômicos, cada vez menos se atentou para o fato de que existe também um paradoxo do abastecimento. Se todos os países sempre almejarem uma vida melhor para os filhos e confundirem isso com *mais*, em algum momento todos os filhos estarão vivendo pior. A segurança de abastecimento, em um planeta limitado com uma crescente quantidade de gente, não pode significar cada vez mais consumo.

Se os adversários da renúncia, portanto, perguntarem o que temos a ganhar se abrirmos mão do consumo e o que suavizará a dor dessa renúncia, a resposta é: investimos em paz e na segurança de abastecimento de depois de amanhã. Pois imaginem se os países africanos, latino-americanos e asiáticos, em algum momento, resolvessem abrir mão de continuar exportando para a Europa suas matérias-primas e suas extensões territoriais?

Para resolver o paradoxo do abastecimento, o primeiro passo seria ajustar os balanços — e, portanto, os preços. Os preços de muitos produtos teriam de subir, de modo a evidenciar os verdadeiros custos de produção, de transporte e do seu descarte. A precificação de dióxido de carbono é uma tentativa de caminhar nessa direção, a fim de influenciar a decisão dos consumidores e dar vantagens competitivas àquelas inovações que ajudam a criar produtos isentos de carbono. Em outras palavras: a precificação do carbono tornaria visíveis os danos ambientais na formação do preço, o que nos aproximaria novamente de uma versão mais objetiva de valor adicionado. A revolução tecnológica digital poderia auxiliar, pois marcadores de CO_2 ou marcadores digitais para diferentes matérias-primas ou componentes poderiam muito bem ajudar que o mercado tenha mais chances de garantir a segurança de abastecimento, mesmo em longo prazo.

Pelo jeito, não é fácil manter a cabeça fria quando estamos entre o mais e o menos. Afinal, estamos acostumados a ter sempre cada vez mais coisas à disposição. O melhor símbolo para isso é o celular. Música, filmes, conhecimento, contatos, bens de consumo, podemos ter tudo isso num único e pequeno aparelho cuja capacidade é 120 milhões de vezes maior do que a do computador de bordo da Apollo 11, que há cinquenta anos aterrissou na Lua.

Em uma conferência, o sociólogo Hartmut Rosa denominou isso de o desejo permanente de "expandir o alcance mundial".[4] Nossa sociedade moderna funciona de maneira que o presente deve sempre superar o passado. Essa constante pressão para a superação não existe apenas nas áreas tecnológica e econômica, mas também no âmbito social e até no espacial. Qualquer moda, qualquer emprego, qualquer fonte de felicidade, qualquer temporada de férias, amanhã já podem fazer parte do passado. E a economia da atenção das constantes mensagens de marketing, do noticiário, das autorrepresentações e das ondas informativas contribuem para abreviar cada vez mais o prazo de validade.

Além de termos cada vez mais coisas e possibilidades à disposição, elas existem em variações cada vez mais diversas. Isso é simplesmente estressante, como constatou um teste feito há alguns anos por dois psicólogos americanos. Numa delicatéssen na Califórnia, montaram duas mesinhas com amostras de geleias — seis tipos diferentes numa e 24 na outra. Como era de se esperar, a mesa com a maior oferta foi a que atraiu mais fregueses, mas no final mais gente escolheu algo para comprar na mesa das seis variedades. A escolha era menor, mas pelo jeito foi mais fácil tomar a decisão de compra. O grau de felicidade, como já vimos, não cresce paralelamente ao aumento da oferta. O psicólogo Barry Schwartz denominou isso de "paradoxo da escolha".[5]

A questão, no entanto, é mais complicada ainda.

Pergunte-se se a sua qualidade de vida de fato iria piorar se você renunciasse a algumas opções e compras. Já existem numerosos estudos, todos com o mesmo resultado: ter cada vez mais nem sempre ajuda. Não apazigua algo dentro de nós, mas traz preocupações adicionais.

Pois a esteira transportadora na qual convertemos o meio ambiente em bem-estar não é só movida pelo nosso desejo de ter mais, mas também pelo medo de ter menos. Esse medo de possuir menos que os nossos antecessores, nossos vizinhos, do que o grupo de pessoas ao qual queremos pertencer torna muito difícil compartilhar e renunciar. Quanto mais a nossa cultura equipara a ideia de vida e trabalho bem-sucedidos com possuir mais (e mais do que os outros), mais rápido andará essa esteira.

O psicólogo americano Tim Kasser investigou os reflexos das consequências de uma cultura "economizada" na nossa sociedade.[6] Questionou como a nossa orientação materialista se reflete no nosso bem-estar e na nossa autoestima, e descobriu que o materialismo é tanto a expressão quanto a causa de insegurança e insatisfação. Isso acontece porque, em primeira linha, ele aborda a motivação e a confirmação extrínsecas das pessoas. O preço das coisas ou o tamanho da atenção, medido em fama, likes e cliques, reflete o meu valor. Assim como Mariana Mazzucato descobriu no caso dos bens e serviços, no entanto, com essa teoria do valor perde-se o sentido para aferir quem é um membro valioso da sociedade. E se, de uma hora para a outra, perdermos nosso emprego ou a casa grande, nossos seguidores podem gostar menos de nós, e nossa autoestima está em perigo.

Não admira que Kasser tenha descoberto que com a crescente orientação material também cresce a tensão e a insegurança individuais, bem como a tendência à depressão.

O mesmo é confirmado pelo jurista, pedagogo e ex-presidente da Universidade de Harvard, Derek Bok, em seu metaestudo sobre as recomendações políticas dentro da pesquisa da felicidade: "As descobertas dos psicólogos trazem o alerta de que a obstinação em enriquecer traz um risco substancial de se tornar infeliz e decepcionado."[7]

O que diria Jeremy Bentham a respeito disso?

Arrancaria os cabelos. Porque, ao reduzir o utilitarismo a um consumo que cresce sem parar, decretou-se como natural e infinita uma narrativa de crescimento que não nos torna cada vez mais felizes.

Cada vez mais felizes?

Isso nem sequer funcionaria.

Pois pessoas não são sistemas mecânicos, e sim biológicos. Nosso cérebro está sempre tentando se adaptar e não suportaria muitos hormônios da felicidade de uma vez, nem um altíssimo desempenho por um período de tempo mais longo. Sistemas vivos, como as pessoas e a natureza, precisam de um trato regenerativo a fim de florescer. Por isso, a pesquisa da felicidade não usa curvas ascendentes, mas escalas de 1 a 10.

Mesmo assim, construíram-se sistemas de estímulo, estruturas organizacionais, programas políticos, mercados financeiros e indicadores que perseguem um único objetivo: sempre mais. O resultado disso tudo é que será cada vez mais difícil superar as condições dessa forma muito particular de infelicidade.

Essa foi a segunda descoberta de Kasser: valores materiais e sociais, ou que se orientam pelo meio ambiente, comportam-se como uma gangorra em relação a valores materialistas. Quando um lado sobe, o outro desce. Quando a perspectiva do *Homo oeconomicus* domina a cultura e a estrutura, tudo passa a girar em torno de status, poder e dinheiro. Ao mesmo tempo, somem a compaixão, a generosidade e a consciência ambiental, e a pergunta pelo "basta" e pelo bem-estar de todos é apagada da teoria e da visão de mundo. E se o "nós" dentro do "eu" diminuir cada vez mais, surge um problema que afeta toda a sociedade. Mas a boa notícia da pesquisa de Kasser é: a gangorra dos valores também funciona na outra direção. No momento em que aumentar a cotação de valores sociais e ambientais, cai a importância de valores materialistas. E a esteira transportadora pode andar mais devagar. O pesquisador Armin Falk, da Universidade de Bonn, especialista em economia do comportamento, sugeriu um imperativo categórico para a era das mudanças climáticas: consuma exatamente como você desejaria que todos o fizessem.[8]

Agora tudo parece bem mais simples, não é?

Mas quem comprar menos vai ralentar a venda de produtos, o que, na atual estrutura de investimento, taxação e refinanciamento, causa recessão. Por isso, além do nosso papel de consumidores também devemos atentar para o de cidadãos. Precisamos de uma transformação política que não trate mais a sustentabilidade como possível efeito colateral de uma agenda de crescimento econômico, mas que vise diretamente o consumo, a produção e o investimento sustentáveis. Quer uma fórmula sucinta para isso? Existe, e já topamos com ela: crescimento econômico como meio, e não como fim absoluto.

Portanto, abandonemos os paradoxos de Easterlin, de Jevons e do abastecimento. Está na hora de fazer um novo contrato social, com elevada qualidade de vida e pegada ecológica reduzida. Isso é possível.

CONSUMO

Nosso comportamento de consumo no Ocidente rico só é possível por causa da externalização dos custos. Posses materiais e status como marcadores da nossa autoestima não nos tornam felizes. Por isso, modificar o papel e o tipo de consumo nas nossas sociedades é uma chave importante para a sustentabilidade. No centro desse esforço deveria estar a conciliação de objetivos sociais e ambientais.

8

Mercado, Estado e bem comum

"A economia da complexidade mostra que, assim como um jardim, a economia nunca está em equilíbrio perfeito ou estagnada, mas sempre cresce ou encolhe. Assim como um jardim sem cuidados, uma economia deixada ao léu também tende a desequilíbrios pouco saudáveis."

Eric Liu e Nick Hanauer, economistas

Ithaca é uma pequena cidade norte-americana situada no estado de Nova York, famosa pela sua universidade, de onde saíram vários ganhadores do Prêmio Nobel. Até os anos 1950, o trem era a opção mais confiável e barata para se chegar lá. Claro, havia estradas para carros e ônibus. Além disso, já naquela época, Ithaca tinha um aeroporto próprio. Mas o trem funcionava o ano todo, independentemente do mau tempo. A partir de meados do século, cada vez mais gente já tinha carro próprio e só pegava o trem quando gelo ou neve bloqueavam a estrada. No final da década de 1950, a companhia ferroviária fechou. O negócio se tornara pouco rentável.

Alguns anos mais tarde, o economista Alfred E. Kahn, então docente na Universidade de Ithaca, escreveu um ensaio sobre a saga da via férrea. O título do texto se tornou sinônimo de todo processo que gera algo não programado: "A tirania das pequenas decisões."

Todas as pessoas que, em vez de pegar o trem, iam para Ithaca de carro, ônibus ou avião agiam de forma sensata, visto pela sua perspectiva pessoal e seu interesse individual. Mas incentivaram um processo que acabou com a linha de trem. Várias decisões individuais acumuladas resultavam em uma situação indesejável que não teria surgido por uma decisão ativa de um indivíduo.

Como podia o livre mercado, que sempre busca a maior vantagem para todos, quando todos sempre decidem racionalmente e com objetivo de maximizar o lucro, produzir uma desvantagem para todos, só porque cada um pensou apenas em si?

Afinal, o mercado pode falhar?

Em seu cerne, a questão era a seguinte: enquanto os produtores têm liberdade de produzir o que quiserem e os consumidores de consumir o que quiserem, produzem-se e se distribuem os bens que a sociedade de fato deseja ter? Não deveria o mercado exercer o papel de coordenador central? Por que, então, a conta não fecha? Não admira que o debate sobre que tarefas cabem ao Estado e quais ao mercado sempre tenha sido muito acalorado.

Com a derrocada do comunismo, pareciam respondidas as grandes questões sobre justiça, equidade, compartilhamento e progresso, e como o Estado deveria estar equipado para tudo isso. A política, como força diretora, pensava-se, cumprira seu dever, e o Estado se tornou um guarda-noturno, responsável pela segurança. O cientista político americano Francis Fukuyama chegou a falar do "fim da História". Em 1990 foi formulado o Consenso de Washington, que recomendava as vantagens de uma economia mundial, e em 1994 foi fundada a Organização Mundial do Comércio (OMC).

Alguns anos depois, eu estava em Cancún, no México, protestando com centenas de outros manifestantes contra a conferência da OMC na qual ministros de 146 países discutiam, entre outros temas, as consequências de um acordo global de agricultura. Fui na condição de ativista da organização ambientalista Bund für Umwelt und Naturschutz Deutschland

(BUND), porque eu e muitos outros enxergávamos os efeitos nefastos daquela política de globalização para o meio ambiente. Ela beneficiava as grandes empresas do norte, mas prejudicava os pequenos produtores, principalmente nos países do sul global, mais atingidos do que os do norte, apoiados por subsídios. No dia do maior protesto contra a conferência, alguns metros adiante de mim, um ativista subiu na cerca e fincou uma faca no peito, diante dos olhares de todos.

Foi um choque!

Depois soube que seu nome era Lee Kyung Hae, tinha 56 anos e era agricultor na Coreia do Sul, mais do que isso, era uma espécie de guru da agricultura sustentável. Em sua fazenda-modelo, onde cultivava principalmente gado, ensinava aos mais jovens as técnicas da pecuária sustentável, até o governo sul-coreano abrir as fronteiras para importações e inundar o mercado com carne australiana barata provinda da agricultura industrial, com a qual Hae não podia mais concorrer. Perdeu a fazenda e as terras para os bancos, e não foi o único caso na Coreia do Sul. Passou anos tentando chamar a atenção de diversas maneiras para a destruição causada no setor pela globalização neoliberal. Viajou ao México como última opção para apontar publicamente os efeitos nefastos daquela política.

O que aconteceu?

E o que isso nos diz sobre nossa vida moderna e a cooperação entre Estado, mercado e bem comum?

Nos trinta anos depois da queda da União Soviética, o mundo passou por uma transformação radical. Com a perspectiva da globalização, muitas regulações nacionais caíram por terra e surgiram novos mecanismos de segurança internacionais para investimentos e transações. Foram criadas cadeias de valor adicionado globais, administradas por um número cada vez menor de grandes conglomerados. No setor do comércio agrário, por exemplo, apenas cinco empresas administram

70% das importações e exportações.¹ Seu valor de mercado é maior do que o PIB de vários países.² No topo do ranking estão as empresas digitais, que podem transferir a sua sede administrativa para qualquer lugar do mundo onde possam se beneficiar de condições vantajosas de infraestrutura, e, sobretudo, de baixos impostos e elevados subsídios estatais. Já vimos isso no capítulo 4: competitividade, conceito que serve originalmente para comparar empresas, virou hoje uma categoria para países. As empresas que têm dinheiro para tal comparam normas de trabalho, contribuições sociais, decretos e leis ambientais de um lado do mundo com o outro. De lá para cá surgiram empresas de advocacia que representam empresas e que denunciam governos por suas políticas ambientais ou sociais, quando não aparecem os lucros que fundamentaram suas decisões de investimento.

Os oligopolistas, que dominam o mercado com pouquíssimos concorrentes, agem no espectro internacional, enquanto os países se veem coagidos a agir de maneira nacional, protegendo as empresas locais, porque nenhum governo pode se dar ao luxo de vê-las falirem. São *too big to fail*, grandes demais para poderem ser abandonadas à própria sorte. Vimos isso na crise financeira de 2008, quando grandes bancos foram socorridos com milhões de dólares provenientes de impostos para evitar um efeito dominó em todo o sistema financeiro. A tirania das pequenas decisões se tornou a tirania dos grandes atores.

Como foi possível o Estado, idealmente um defensor dos interesses dos seus cidadãos e do bem comum, ser empurrado de tal maneira para a defensiva?

Quando se trata de entender como os mercados equilibram a oferta e a procura, os modelos econômicos básicos, hoje, listam apenas dois atores: produtores (ou seja, empresas) e consumidores (ou seja, lares). O Estado nem sequer é mencionado, a não ser enquanto consumidor. No entanto, as regras e os estímulos com que ele organiza a produção de bens e serviços influenciam a oferta no mínimo tanto quanto a procura. É surpreendente como essa imagem sintetizada marca o atual debate político sobre quem pode se tornar ativo e de que maneira. Três objeções — que, na verdade, são hipóteses ou mesmo preconceitos — chamam a atenção nesse debate:

A regulação estatal (também chamada de política da ordem) freia as inovações e o progresso.

O mercado e as empresas sempre saberão encontrar melhores soluções do que o Estado e, por isso, não devem ter sua ação restrita.

Proibições e vetos limitam a liberdade dos atores do mercado; nesse caso, principalmente os consumidores.

Analisemos essas hipóteses, uma por uma.

Há alguns anos, Mariana Mazzucato, que já conhecemos no contexto da história do conceito de valor, investigou a cooperação entre Estado e mercado em alguns casos de inovação e escreveu um livro surpreendente, intitulado *The Entrepreneurial State* [O Estado empreendedor]. A partir do exemplo da Apple, uma das empresas mais valiosas do mundo, ela mostra que muitas tecnologias em que se baseia o sucesso do seu principal produto, o iPhone — a internet, o GPS, a tela interativa, baterias com elevada potência de armazenamento ou o software Siri —, provêm de pesquisas financiadas com dinheiro público. O lendário empresário Steve Jobs pode ter sido um gênio do marketing, e seus colaboradores, gênios do design. Mas em termos de tecnologia, juntaram coisas que já existiam e cuja criação o Estado apoiou e financiou ativamente. Na verdade, o "fantástico mago das inovações", segundo Mazzucato, seria o próprio Estado.

"Na maioria das inovações radicais que impulsionaram o capitalismo", escreve ela, ao citar o trem, as viagens espaciais, as usinas atômicas, o computador, a internet, a nanotecnologia ou a pesquisa farmacológica, "os investimentos empresariais mais ousados e capital intensivos vieram do Estado."[3]

Os críticos podem objetar que em muitos dos casos citados havia interesses militares em jogo. Mesmo assim, o diagnóstico sobre o papel do Estado nas grandes inovações tecnológicas continua valendo.

Acontece que empresas como a Apple não gostam de lembrar que seu sucesso econômico se baseia em estruturas sociais proporcionadas pelo Estado, e muito menos do fato de que, por isso mesmo, deveriam pagar os impostos a que ele tem direito.

De acordo com estimativas da organização britânica Fair Tax Mark, entre 2010 e 2019 as seis grandes empresas do Vale do Silício — Apple, Amazon, Facebook, Google, Microsoft e Netflix — conseguiram evitar o pagamento de um total de cerca de 100 bilhões de dólares.[4] Só a Amazon conseguiu uma restituição do Fisco norte-americano de 129 milhões de dólares em 2018, ano em que lucrou 11 bilhões de dólares. Durante muitos anos, pagava 3% de impostos ao ano.[5]

Empresas como a Airbnb usam as infraestruturas financiadas com dinheiro público para o seu modelo de negócios, sem assumir a responsabilidade por uma parte de sua manutenção. Para alguém que more em uma cidade atraente e que possivelmente até é servida por uma empresa de voos baratos, pode parecer uma boa ideia alugar o próprio apartamento para turistas usando a plataforma — ou mesmo alugar ou adquirir apartamentos para esse fim. Até o momento em que se percebe que cada vez mais gente faz isso, e que nos bairros mais conhecidos já quase não moram mais nativos, porque ninguém mais consegue pagar os aluguéis. Surgem bairros de fachada que deixam de parecer autênticos aos olhos dos turistas. Eis o aspecto diabólico da tirania das pequenas decisões, que desconhece instâncias superiores as quais, a partir da sua perspectiva mais elevada, poderia checar se a soma dos interesses individuais de fato leva a um benefício para todos — instâncias essas que colocam o bem-estar da coletividade acima das possibilidades do indivíduo de maximizar o seu benefício próprio e que, assim, em muitos casos até mesmo protege o bem-estar dos próprios favorecidos no longo prazo. Isso se chama garantia do bem comum, precisa de uma previsão de longo prazo e faz parte das tarefas precípuas do Estado.

"É fácil imaginar o surgimento de uma ordem espontânea, em que as pessoas, como que conduzidas por uma mão invisível, sejam levadas a perseguir um resultado perverso e desagradável", escreveu Karen Vaughn, professora do programa Friedrich Hayek da Universidade George-Mason — ou seja, alguém que decididamente não pode ser acusado de ter uma postura hostil ao mercado. "O grau de desejo de uma ordem que aparece como consequência não intencional de atividades humanas, no fim das contas, depende do tipo de regras e instituições dentro das quais as pessoas agem, bem como das reais alternativas que têm à disposição."

A partir disso, John Maynard Keynes concluiu qual deve ser o papel do Estado: "As principais agendas do Estado não se referem a atividades que já são desempenhadas por pessoas privadas, e sim àquelas funções e decisões que ninguém mais assume, a não ser o Estado."[6]

Ele tampouco parte do pressuposto de que intervenções do Estado no mercado devam ser a exceção da regra, e sim algo normal, necessário para manter o equilíbrio entre oferta e procura — não apenas de produtos e serviços, mas também nos mercados de trabalho, na relação entre exportação e importação, no volume de dinheiro e nos mercados de moedas. Ou também, complementaria eu, se a natureza e as gerações futuras não conseguirem se defender sozinhas contra saques e exploração excessiva.

A pergunta é: o Estado tem consciência disso hoje em dia?

E, caso tenha: tem coragem de agir?

Tomemos um exemplo simples, conhecido por todos: as devoluções de compras feitas on-line.

Um grupo de pesquisadores da Universidade de Bamberg[7] descobriu que, em 2018, os alemães devolveram um em cada seis pacotes[8] de produtos encomendados pela internet, seja porque não correspondiam às expectativas, seja porque encontraram o mesmo produto mais barato em outro lugar, porque o tamanho estava errado ou porque simplesmente primeiro queriam dar uma olhada antes de decidir ficar com a encomenda. Em um ano, isso significou 280 milhões de pacotes. De acordo com os 139 comerciantes que responderam à pesquisa, a cobrança de uma taxa não muito elevada, de menos de 3 euros por devolução, reduziria a quantidade em cerca de 80 milhões de artigos. Só a economia de combustível representaria 40 mil toneladas de dióxido de carbono a menos lançadas na atmosfera, o equivalente às emissões causadas em um ano por 4 mil alemães. Ou seja, com uma taxa de menos de 3 euros para devoluções, 4 mil alemães viveriam em neutralidade de carbono. Geralmente, são estabelecimentos pequenos e médios que já cobram uma taxa. Quase não perderam faturamento. Nenhum deles teve seus lucros afetados, pois houve a compensação pela redução dos custos das devoluções. A maioria dos pequenos e médios comerciantes que responderam à pesquisa adorariam cobrar uma taxa de devolução, mas não têm coragem por temer perder vantagens competitivas em relação aos concorrentes. Portanto, não é o mercado que vai instituir uma taxa dessas espontaneamente. Seria preciso uma regulação estatal.

Grandes varejistas on-line, como Amazon ou Zalando, provavelmente não achariam isso bom, porque, pelo seu tamanho, conseguem absorver melhor os custos com devoluções e, assim, dificultar o ingresso dos pequenos varejistas no mercado.

Pessoas que gostam de comprar muito on-line e, por isso, devolvem muito, provavelmente também não gostarão disso, porque terão que examinar e refletir mais antes de encomendar para evitar o pagamento da taxa.

Isso não significa, porém, que uma taxa desse tipo não seja sensata. Ela protege o meio ambiente, é apoiada pela maioria dos comerciantes, não prejudica ninguém especialmente, porque teria de valer para todos. Bastaria o Estado decidir introduzi-la. Pois fora ele, como acredita John Maynard Keynes, mais ninguém o faria.

Sabe quem tinha exatamente essa posição? Franklin D. Roosevelt, o presidente norte-americano que fez a política do New Deal em 1933 a fim de superar uma grave crise econômica. Em seu breve discurso à nação, disse: "Os 10% incorretos puderam produzir bens tão baratos que os 90% corretos se viram obrigados a também aceitar as condições injustas. Aqui entra em jogo o Estado. Ele deve ter o direito, e terá o direito, de evitar práticas injustas, baseado em estudos e planejamento para um nicho e com apoio de grande parte desse nicho, e pôr em vigor esse acordo com a autoridade do Estado."[9]

Interessante, não é? O Estado e os participantes do mercado jogando juntos para estabelecer regras claras e dar uma boa direção para um determinado nicho de negócio.

Nas teorias clássicas sobre Estado e mercado, a liberdade política e a responsabilidade individual andavam juntas. Os chamados economistas ordoliberais diriam que decisão e responsabilidade são conceitos indissociáveis. Na Constituição alemã está escrito que a propriedade privada significa compromisso. No nosso mundo moderno globalizado, financializado e digitalizado, no entanto, esse entendimento é escasso. Em seu livro *In schwindelerregender Gesellschaft* [Em uma sociedade vertiginosa], o economista Thomas Beschorner chamou isso de "desequilíbrio do mundo moderno" e cunhou também a expressão "liberalismo pela metade" ("halbierter Liberalismus"), situação em que Estado e mercado já não desempenham mais adequadamente seus papéis complementares. Segundo Beschorner, o dever dos políticos de organizar as condições dos mercados não é só econômico, mas também ético. Deveriam oferecer estímulos para conter comportamentos egoístas e promover ações morais.[10]

Estado e mercado andam juntos. Aliás, esse tal de "Sr. Mercado", que reivindica algo ao qual devemos nos adaptar, nem sequer existe. Nunca se apresentou a mim. E você, já o conheceu?

O liberalismo passou anos empurrando para os cidadãos a responsabilidade de deter a destruição global do planeta com suas decisões de consumo. Quem quiser fazer algo pelo meio ambiente deve consumir de forma sustentável. Não se trata de outra coisa senão de privatizar a proteção do meio ambiente. Quem gostou disso foram as empresas privadas, porque agora já podem oferecer aos compradores mais conscientes uma paleta adicional de produtos com as respectivas etiquetas. Também agradou aos políticos, que não precisam encarar a tarefa desagradável de enfrentar a resistência com regulamentos ou proibições.

E até onde chegamos dessa maneira?

A fatia de mercado de alimentos orgânicos na Alemanha ainda está bem abaixo de 10%, apesar de todos os mercados de produtos agroecológicos. No caso da carne orgânica, essa taxa é ainda menor: dependendo do tipo de carne, geralmente em torno de 1%, podendo chegar a 2%.[11]

Isso se deve ao fato de que, numa das nações industrializadas mais ricas do mundo, menos de 10% da população pode pagar o preço dos produtos orgânicos?

Acho que não.

Acredito que o mercado agrário, do jeito que está organizado hoje em dia, não premia o comportamento sustentável, mas o dificulta. Como vimos no capítulo sobre o comportamento dos consumidores, os preços de muitos produtos não refletem seus reais custos de produção, e isso acontece também no caso dos alimentos.

Dá para imaginar o que isso significa?

Significa que produtos orgânicos não são necessariamente mais caros.

O problema é que os alimentos industriais são muito baratos. E nosso consumo de carne é alto demais para a saúde humana, animal e planetária.[12]

E o que poderia ajudar?

Uma reforma dos subsídios agrícolas poderia reduzir imediatamente a diferença de preços entre alimentos industrializados e os produzidos de maneira sustentável.

Como sempre, vale a pena ver a coisa a partir de outro ângulo. Porque, sem comer menos, os alemães estão gastando muito menos com o item alimentação. A participação desse item nos lares da Alemanha caiu de 25% para 14% ao longo dos últimos cinquenta anos. Inversamente, as despesas com moradia vêm subindo desde 1993 para quase todos, exceto os 20% mais ricos. Essa camada da população, hoje, gasta 9% menos com moradia do que então. Na outra ponta, entre os 20% mais pobres da população, houve um aumento de 27% para 39%. É que, no mercado imobiliário, os aluguéis subiram drasticamente nos últimos dez anos, além da queda brutal de renda nessa camada mais baixa da população.[13] Adeus efeito rebote! E bem-vindos a um mundo em que as despesas que uma pessoa tem para viver repentinamente têm uma relação invertida.

Os alimentos orgânicos cultivados por uma agricultura sustentável com mais biodiversidade, solos mais saudáveis, mais "armazéns" de CO_2 e água de melhor qualidade são caros demais? Morar deve ser considerado um luxo? Ou precisamos de uma nova política agrária, outros salários mínimos e uma política habitacional que enfrente a subida meteórica do metro quadrado da terra, dos aluguéis e dos valores de compra de imóveis desde 2010? Onde está uma política financeira orientada para o bem comum, que possa influenciar as três tendências simultaneamente? Bem, você lembra a diferença entre valor adicionado e valor surrupiado.

Por tudo isso, tente sempre perguntar três vezes de que maneira se compõem os valores monetários e os preços. Esses números são tudo menos neutros em termos de valor. Pois cada vez que um fenômeno ocorrido no mundo é transformado em um número, temos uma decisão de valor. E cada decisão de valor influencia o tipo de coisas em que devemos prestar atenção. Que considerações devemos ter na hora de decidir e no momento de julgar a política e a justiça, pois a política sempre participa da composição de um preço.

A pergunta, portanto, não é se estímulos, proibições ou aumentos de preços podem ou não existir. A pergunta deve ser sempre o que disso não funciona mais na nova realidade, o que é usado de forma equivocada e atravanca nosso caminho rumo a um estilo de vida mais sustentável. O mercado não é um espaço isento de regras, ele foi criado por regras. São elas que determinam que liberdades podemos ter e quais não, o que é ou não proibido e quais inovações são ou não prováveis.

Se não fosse assim, a escravidão, tão rentável, não teria sido abolida e não teríamos direito a uma jornada de oito horas de trabalho com fim de semana livre.

O linguista americano George Lakoff apontou para o fato de que não existe apenas uma liberdade de alguma coisa, mas também uma liberdade *para* alguma coisa, e que foi graças a intervenções do Estado que essas liberdades conseguiram ser postas em prática desde o início do Iluminismo. Foram regulações estatais que geraram a liberdade de ciência e pesquisa, a ampliação das universidades, a assistência pública à saúde, a liberdade de expressão, opinião e de assembleia, a igualdade de todos os cidadãos e todas as cidadãs diante da lei. Ou seja: regulações estatais abriram o caminho para muitas liberdades. Nem mesmo o mercado financeiro existiria sem regulação e aval por parte do Estado.

Por que alguém lhe daria uma casa em troca de um monte de papel onde só está escrito que a cada mês alguns números digitalizados serão transferidos da sua conta para outra?

Porque o Estado não apenas punirá a quebra de um contrato, como avaliza o fato de que esses números representam um compromisso.

Por essa razão, nas cédulas do Banco da Inglaterra lê-se uma determinada frase. Na nota de cinco libras, diz assim: "Prometo pagar a soma de 5 libras ao portador desta cédula."

Convenhamos: no trânsito, cada um aceita que a liberdade individual termina onde pode pôr em risco a liberdade do outro, sua segurança e sua saúde, e que é preciso ter regras estatais para estabelecer essa liberdade.

E por que deveria ser diferente logo no caminho rumo a uma economia sustentável?

Em um ensaio de 1968 que ficou famoso, "Tragedy of the commons", o ambientalista norte-americano Garrett Hardin descreveu algo que pode ser traduzido como "A tragédia do bem comum". Deu como exemplo um pasto comunitário em que os camponeses das redondezas deixam suas vacas. Como o pasto não tinha dono, ninguém podia ser excluído de usá-lo. Portanto, todos tocavam tantas vacas quanto queriam para o pasto e as deixavam ali quanto tempo quisessem. Todos conseguiam o seu resultado de curto prazo a partir do uso de longo prazo do bem comum. A consequência foi a superexploração e pouco capim para todos. Superexploração por alguns poucos em detrimento dos outros é o resultado clássico de um espaço sem regras, em que cada um se comporta como um *Homo oeconomicus*. Visto assim, não surpreende que o mercado possa falhar. Geralmente, ele só funciona bem para a clássica troca de bens.

Pelo menos no caso do bem comum, quase todos os economistas já se convenceram de que a superpesca nos mares, a fertilização excessiva dos solos ou o desmatamento ilegal da mata Atlântica exige intervenção estatal para definir as regras de utilização. O exemplo mais atual e talvez mais importante é usar a atmosfera terrestre como lixeira para jogar o dióxido de carbono.

Não é possível possuir um pedaço da atmosfera terrestre, nem excluir alguém de sua utilização. O dióxido de carbono que uma pessoa, uma empresa ou um país lançam no ar volta em forma de mudança climática para todos. Introduzir agora um preço para o CO_2 em um nível suficiente para limitar as práticas incorretas e acabar com elas no médio prazo é precisamente a tarefa que cabe ao Estado e que foi pensada para ele. Não é só o apoio das empresas corretas que importa. Precisamos de um novo acordo de convivência, em que não só nos preocupamos se uma medida individual aumenta os preços, mas em que cuidamos para ver a totalidade da estrutura de custos dos fundamentos importantes de uma boa vida.

Quando os bens escasseiam, o mercado não pode resolver qualquer problema. E o Estado não é sempre aquele que tolhe as liberdades. Muitas vezes é ele que as permite. Para resolver os problemas da nova realidade, precisamos nos libertar de clichês e meias verdades. É preciso encontrar novas abordagens para bens escassos que abrangem todo o planeta, mesmo que isso pareça difícil.

9

Equidade

"Falamos muito em dar mais. Não falamos sobre consumir menos. Falamos muito sobre o que devemos fazer mais. Não falamos muito sobre o que deveríamos fazer menos."

Anand Giridharadas, jornalista e escritora

Há alguns anos, o ambientalista Stefan Gössling resolveu investigar a frequência com que pessoas famosas viajam de avião.[1] Ele queria entender a influência dessas pessoas sobre as mudanças climáticas. Curiosamente, ninguém tinha pensado nisso antes. Na nossa sociedade, os famosos são aqueles que "conseguiram chegar lá", pessoas que se tornaram exemplos, como artistas, atores, atletas, executivos ou políticos. Esse grupo passou a incluir também gente que não se notabilizou pela sua profissão, mas cuja profissão é ser famoso. Os chamados influenciadores são pagos por empresas para colocar suas marcas no mercado.

Stephan Gössling analisou a frequência de viagens de avião em 2017 de dez celebridades, a começar pelos fundadores da Microsoft, Bill Gates, e do Facebook, Mark Zuckerberg; passando pela cantora Jennifer Lopez; a herdeira da cadeia hoteleira Hilton, Paris Hilton; a apresentadora Oprah Winfrey; até o designer Karl Lagerfeld. Colheu os dados — que supostamente seriam privados — em seus perfis públicos nas redes sociais. Pois muitos famosos postam no Twitter, no Instagram ou no Facebook quando viajaram de avião, para onde e por quais motivos. Faz parte da imagem que cultivam, que revela um determinado estilo de vida, mostrando que são super-ricos e fazendo acreditar, por semelhança, que todo super-rico vive como eles, como se não existisse outra imagem nem outro exemplo de como ganhar dinheiro e o que fazer com ele.

Só no Instagram, a plataforma que permite compartilhar fotos, esses dez famosos eram seguidos por 170 milhões de pessoas quando a pesquisa foi realizada.

"São principalmente os mais jovens que poderiam passar a considerar as práticas de usar muito avião como uma norma", diz o estudo.

Bill Gates, que lidera a lista dos que voam com mais frequência, passou pelo menos 350 horas no ar em 2017. Como usou quase sempre seu jato particular, emitiu mais de 1600 toneladas de dióxido de carbono. Paris Hilton emitiu 1200 toneladas, e Jennifer Lopez, que vem em terceiro lugar, 1000 toneladas.

E o que isso tem a ver com equidade?

No passado era fácil acreditar que o estilo de vida da parte mais próspera do mundo não tivesse nenhuma relação com a mais pobre ou a miserável. Havia gente rica e gente pobre, e se algo devia mudar, que os pobres tentassem enriquecer. Afinal, era a riqueza de uns que tirava alguma coisa da vida dos outros?

Desde que a ciência passou a conhecer as mudanças climáticas e ser capaz de fornecer prognósticos exatos sobre qual grau de emissão causará quantos graus a mais da temperatura média global, bem como quais serão as consequências desse aumento no planeta, essa correlação pode ser expressa numericamente.

Na conferência sobre o clima de Paris, em 2015, quase todos os países da comunidade internacional se comprometeram a limitar o aumento da temperatura a "menos de 2 graus Celsius", em relação aos níveis da era pré-industrial. Nos anos seguintes, diversos relatórios científicos mostraram que, se esse acréscimo pudesse ser limitado a 1,5 grau, a mudança do clima seria menos severa, reduzindo os custos necessários para a adaptação. Para se manter dentro desse limite de 1,5, a partir de fins de 2017 a humanidade ainda poderia emitir cerca de 420 gigatoneladas. Mas como atualmente a emissão somada dos gases de efeito estufa por ano é de 42 gigatoneladas, no início de 2020, a humanidade teria menos de oito anos para gastar essa "reserva".[2] A partir de então, teria de ter um estilo de vida praticamente neutro em termos de clima. Isso significa que as novas emissões e aquilo que pode ser absorvido pela natureza ou pelos oceanos têm que estar equilibrados. Menos de oito anos: esse seria o prazo para realizar a maior transformação econômica, tecnológica e social da História.

Para dizer o mínimo, isso é muito pouco tempo.

No nível individual, equivale a dizer que, a partir do início de 2020, cada um de nós só teria direito a emitir 42 toneladas de dióxido de carbono para que a Terra não se aqueça além dessa barreira de 1,5 grau Celsius.

Voltemos ao exemplo de Bill Gates.

Visto por esse ângulo, Bill Gates, um dos três homens mais ricos do mundo, dono de uma fortuna estimada em 108 bilhões de dólares, segundo a revista Forbes,[3] em apenas um ano gastou o orçamento em dióxido de carbono para a vida inteira de 38 pessoas — tudo aquilo que elas poderiam gastar para aquecer suas casas, para se locomover e para consumir para não ultrapassar o limite de 1,5 grau. Uma única pessoa! Só para ele! Só para seus voos que podem ser contabilizados usando suas redes sociais. Em um ano apenas!

Atualmente, temos a seguinte situação: algumas pessoas com estilo de vida módico quase não tocam em sua "reserva de CO_2", disponibilizando a sua "parte" aos outros. Claro, nem todas as profissões estão associadas às mesmas atividades, e algumas pessoas têm parentes que moram do outro lado do globo. Não é fácil encontrar fórmulas justas.

Mas o que nesse caso é indubitavelmente injusto é que quase nenhum dos emitentes extremos de dióxido de carbono dá sinais de questionar seriamente o seu estilo de vida. A única justificativa que vejo para isso é que eles têm os meios financeiros de assegurar os recursos para si. São os mesmos meios financeiros com os quais, depois, poderão fazer algo que aqueles, cujas "reservas" eles usaram, não conseguirão fazer: adaptar-se às mudanças do clima, mudar-se para algum lugar ainda bonito e preservado das catástrofes naturais, pagar cada vez mais por alimentos e fazer as seguradoras pagar os danos causados por catástrofes em suas casas. Somando as emissões causadas por essas mesmas pessoas nos últimos trinta ou quarenta anos, quando as mudanças climáticas e suas causas já eram conhecidas, o quadro fica ainda mais nítido. Calculado para o tempo de uma vida humana, o orçamento de dióxido de carbono dessas pessoas supera a meta de tal forma que eles deveriam todos os anos absorver — em vez de emitir — milhares de toneladas a fim de voltar à média emitida por cabeça até 2050.

Você acha isso justo?

Pois agora a correlação fica mais clara.

Conforme mostrei nos capítulos anteriores, vivemos hoje na realidade de um mundo lotado de gente, no qual precisamos nos adaptar às limitadas possibilidades do planeta. Mas esse limite ainda não entrou na consciência das pessoas e muito menos determina as suas ações. Pouquíssimas tentativas de lidar com ele nos levaram de fato a mudar nosso estilo de vida.

A meu ver, a razão para tal é muito simples: quem aceitar que existem limites também deve aceitar que bens e direitos de poluição são finitos. Se o bolo não pode crescer, a pergunta que se segue é: como dividi-lo? Se os ecossistemas só fornecem uma quantidade limitada de matérias-primas e só podem absorver uma determinada quantidade de detritos e gases, automaticamente devemos nos perguntar quanto cada um de nós pode consumir, jogar fora e emitir. Questões ambientais são sempre problemas de distribuição, problemas de distribuição são sempre questões de equidade e justiça.

Mostrei alguns dos argumentos com que essas questões de equidade estão sendo respondidas no debate público. Vamos relembrar:

O crescimento econômico trará equidade.

Uma tecnologia mais eficiente resultará em equidade.

O consumo sustentável produzirá equidade.

Mostrei também que todos esses argumentos, analisados com cuidado, contam uma história na qual o bolo sempre pode aumentar no final e que, precisamente por isso, revelaram ser narrativas cômodas de uma realidade aparente cuja conta não fechou, mas em que continuamos insistindo. Se não quisermos acusar os que contam ou contaram essas histórias, podemos dizer que se equivocaram. O fato é que, por causa dessas narrativas, as perguntas sobre a divisão justa e correta dos recursos do planeta, respeitando os limites dados, não são postas de forma clara e nítida, e sim adiadas para o futuro. Também é fato que quem se beneficia é principalmente aquela parcela da humanidade que até agora foi favorecida acima da média com os recursos do planeta.

Mesmo assim, sempre ouvimos de novo os mesmos argumentos, de que os objetivos ambientais se opõem aos objetivos sociais.

Quantas vezes participei de debates em que esse tipo de argumento sobre os objetivos conflitantes trouxe quase algo como um alívio, porque era preciso refletir mais um pouco sobre as dificuldades, não era possível agir logo. Nesses debates, raramente há representantes dos países pobres e das comunidades miseráveis que veriam a crise social e humanitária nos desastres ambientais. Assim sendo, em consideração àqueles financeiramente mais fracos nos países consumistas, a continuidade da política da passividade e da inação pode continuar sendo vista como sendo uma espécie de cuidado social. Quase tive a impressão de que políticos, executivos, mas também líderes sindicais, no início de 2019, sentiram-se imensamente gratos com os protestos dos "coletes amarelos" na França contra o aumento dos impostos sobre os combustíveis, que era parte da nova política energética do país. A conclusão era a de que a população não queria uma nova política de proteção ao clima.

Sendo assim, que tipo de política de proteção ao clima a população quer de verdade? E de que forma pode ser combinada com políticas sociais e progressistas para o futuro, a fim de casar o suposto conflito de interesses entre a dimensão ambiental e a social? Onde estava o entendimento de que a equidade social também pode ser adaptada por um outro lado, o lado de cima? Como ganhar as pessoas para as enormes transformações de uma economia sustentável se não se pode garantir que essas transformações atinjam a todos? Quando o governo francês reduz o imposto sobre fortunas, esse sentimento é bem atingido.

Em outras palavras: como resolver a questão ambiental, se ela não pode ser compreendida como questão social?

O americano John Rawls, um dos mais importantes expoentes da filosofia política no século passado, já nos anos 1970 escolheu um novo ângulo para olhar a questão distributiva. Para ele, um dos problemas básicos do mundo era o fato de que os tomadores de decisão, os ricos e poderosos, não veem nenhuma vantagem em uma nova distribuição de poder e recursos que difira da ordem vigente. Os que se beneficiariam de uma redistribuição, ou seja, os pobres e menos poderosos, têm pouca ou nenhuma influência para promover mudanças. Como resultado, teremos um crescente e insolúvel dilema de equidade.

Para tornar visível esse dilema, Rawls propôs tentar entrar mentalmente em um "véu de ignorância". Embora se consiga pensar racionalmente sob esse véu — assim como antes do nascimento —, os indivíduos não têm qualquer informação sobre sua cor, seu sexo, seu país ou sua família ou, como eu acrescentaria agora, a geração em que se nasce. Você pode ser filho de Bill Gates ou de um rizicultor de Bangladesh. A bem da verdade, é pouco provável que sejamos filho do homem mais rico do mundo, e faz mais sentido nascer como filha ou filho de uma pessoa miserável do mundo, pelo simples fato de que no mundo ainda há muito mais pobres do que ricos.

A pergunta que Rawls deriva a partir desse experimento mental é: como você gostaria de organizar o mundo, sem saber a posição que ocupará nele?

No preciso momento em que você começa a tratar do problema dessa maneira estará assumindo uma perspectiva sistêmica. Ela nos ajuda a formular um "corredor" — um espaço — para nossos objetivos, e imaginar diversas medidas em conjunto, em vez de avaliar cada uma isoladamente. Pois, de acordo com Rawls, dispomos de uma capacidade intuitiva de acertar o que é justo e o que não é. De lá para cá, vários outros estudos científicos comprovaram essa tese com dados e números.

Os psicólogos e comportamentalistas norte-americanos Dan Ariely e Mike Norton fizeram uma pesquisa em 2011 para descobrir de que maneira seus compatriotas acham que o bem-estar está e como deveria ser distribuído na sociedade.[4] Para tal, dividiram a população em cinco segmentos. Os entrevistados deveriam indicar uma percentagem ideal de bem-estar para cada segmento. Os americanos entrevistados viram assim a forma ideal de distribuição: a quinta parte dos mais ricos deveria dispor de bons 30% da riqueza e a quinta parte dos mais pobres, de pelo menos 10%. As respostas não variavam segundo gênero ou tendência política (republicanos ou democratas) dos entrevistados. Perguntados sobre como a riqueza se divide atualmente, na média os entrevistados acharam que a quinta parte mais rica dispõe de quase 60% da riqueza e a quinta parte mais pobre, de menos de 5%.

Na realidade, à época da pesquisa, a quinta parte mais rica da sociedade era dona de quase 85% da riqueza total, e a quinta parte mais pobre, de menos de 1%. Em outras palavras: a sociedade norte-americana, na verdade, é muito mais injusta do que parece à própria população. De lá para cá, a desigualdade na distribuição da renda aumentou tanto que novos estudos já segmentam a sociedade de outra maneira e indicam sempre o grupo que equivale a 1% dos mais ricos. Atualmente, ali se concentram 40% da fortuna.[5]

Globalmente, a situação não é muito diferente.

O World Inequality Lab [Laboratório da Desigualdade Mundial] pesquisa justamente a dinâmica global de injustiça. Em 2018, publicou o "Relatório sobre desigualdade global". Esse trabalho, que envolveu mais de uma centena de pesquisadores do mundo todo, mostra que a desigualdade entre pobres e ricos vem aumentando no mundo desde 1980,[6] período no qual o 1% mais rico da população mundial amealhou mais de um quarto do acréscimo total em riqueza. E uma faixa minúscula — os 0,1% mais ricos — aumentou sua fortuna pela mesma soma dos 50% mais pobres ao longo desses quarenta anos.

Ou seja: de toda a riqueza produzida pelo crescimento econômico desde a globalização, pouca coisa chegou até os mais pobres. A maior parte foi para a conta bancária de alguns ricos, enquanto a grande classe média não foi beneficiada.

O que o Relatório sobre Desigualdade Mundial mostra também é que naqueles países que têm uma política distributiva e social mais ativa, o abismo não é tão grande. Isso significa que o fim da pobreza pode ser mais rápido se de fato for um objetivo político claro e não apenas um efeito colateral, enquanto esperamos pelo "efeito de gotejamento" (*trickle down*) que não é monitorado conscientemente e em que, supostamente, a maré alta levantaria todos os barcos.[7] O que aconteceria, portanto, com a redução da desigualdade, se não continuarmos a crescer, mas começarmos imediatamente a guiar a distribuição de bens, recursos e oportunidades de tal maneira que possam pelo menos se aproximar do ideal?

Num primeiro passo, por exemplo, poderíamos começar empregando 10% do PIB mundial para instalar sistemas de saúde, instituições educativas, uma agricultura resiliente e o abastecimento com energias renováveis.

Seriam 8,2 trilhões de dólares.

Parece muito?

E de onde viria esse dinheiro todo?

Segundo estimativas do economista Gabriel Zucman, esse montante equivale à soma de todo o dinheiro resultante de evasão fiscal e escondido nos vários paraísos fiscais que existem no mundo.[8] Afinal, os impostos são cobrados para que o dinheiro seja investido em bens e serviços que beneficiem a coletividade, não é?

Vamos supor que a essa soma total fosse aplicada uma alíquota de 30%, normal em muitos países. Nesse caso, 2,7 trilhões de dólares iriam parar nos orçamentos dos governos, permitindo financiar muitos investimentos públicos, como demonstrou Zucman em seu livro *The Hidden Wealth of Nations* [A riqueza oculta das nações].

Como, então, harmonizar esses desequilíbrios? Ou, como primeiro passo: por que razão não abordamos esses desequilíbrios com mais sinceridade quando se trata de buscar soluções?

Voltemos ao caso de gente como Bill Gates. O exemplo deles permite descrever muitas das dificuldades que surgem quando se tenta corrigir os sintomas de um sistema equivocado, em vez de olhar para o sistema como um todo. Bill Gates não herdou a sua fortuna. É o resultado de sua grande criatividade empresarial. Quase todo mundo conhece ou trabalha com produtos da Microsoft. Sua fundação particular é a maior do mundo e gere cerca de 30 bilhões de dólares. Gates e sua mulher, Melinda, financiam o desenvolvimento de vacinas contra doenças como Aids, tuberculose e malária, bem como projetos agrícolas na África. Investem mais dinheiro em projetos de saúde, educação e alimentação do que muitos governos democraticamente eleitos.

Então o dióxido de carbono que Bill Gates emite todos os anos com seu jato particular não estaria bem investido? Não é fantástico que ele se ocupe de temas que não vêm sendo suficientemente bem resolvidos pelos governos do mundo?

Claro que é fantástico alguém tomar conta desses assuntos. Mas enquanto um governo pode ser controlado pela oposição, o Judiciário ou os eleitores, a fundação de Bill Gates determina sozinha onde investe e com quem coopera, decidindo as próprias maneiras de proceder e de cooperar. Segundo a organização Global Justice Now, a fundação de Gates ajuda grandes conglomerados do setor químico, como a Monsanto, ou atacadistas globais de cereais, como a Cargill, a tomar conta dos mercados na África e que até tem ou já foi acionista de empresas como a Monsanto ou o McDonald's.[9]

Em seu livro *Winners Take All* [Os vencedores levam tudo], de 2018, o jornalista norte-americano Anand Giridharadas investigou como se estabeleceu essa forma de filantropia como uma espécie de comércio de indulgências e que justamente não pretende produzir verdadeiras transformações das condições políticas, da distribuição do bem-estar ou da participação nos privilégios.

"Aos vencedores do nosso tempo não agrada imaginar que de fato terão que perder e fazer sacrifícios para que se possa fazer justiça", escreveu Anand Giridharadas. Ele ressalta que não se ouvem muitas ideias por parte desses vencedores, o que confirma que eles, sendo privilegiados, na verdade estão sendo injustos, pois teriam que abrir mão de seu status e de sua posição por motivos de equidade. Fariam isso se fossem instados a fazer o bem e poderem colher gratidão. "Mas nunca lhes peça para causar menos danos."[10]

Generosidade ainda não é sinônimo de equidade.

E "redistribuição" sempre parece sinônimo de que alguns precisam dar um pedaço do que merecem ter, enquanto outros, supostamente menos bem-sucedidos, menos inteligentes e com menos tino empresarial, devem ganhar alguma coisa de presente. No entanto, é difícil imaginar que, desde 1980, os altos executivos tenham se tornado 1000% mais inteligentes, mais bem-sucedidos e mais produtivos. Pois foi nessa proporção que os salários nas grandes empresas dos Estados Unidos subiram desde 1978.[11] E até mesmo o diligente trabalho empírico de

Thomas Piketty em *O capital no século XXI* não se debruçou tanto sobre a crescente desigualdade na explosão da produtividade, e sim a respeito das regras tributárias do Estado. Ele também apontou que os altos executivos das empresas têm assento no conselho diretor de outras, decidindo mutuamente sobre as estruturas de remuneração.

Equidade não quer dizer apenas justiça distributiva, mas também acesso igual a oportunidades, tanto no que diz respeito às oportunidades de viver uma vida adequada às necessidades humanas como à oportunidade de influenciar as condições para isso.

Esse conceito pode ser aplicado aos países.

Há algum tempo, o World Resources Institute publicou um gráfico que mostra as emissões de dióxido de carbono por país desde o início da industrialização.[12] Segundo esse gráfico, no período de 1850 a 2011 os Estados Unidos foram responsáveis por 27% das emissões acumuladas globais, acompanhados pelos países da União Europeia (ainda com a Grã-Bretanha), com 25%; seguidos muito depois por países como China, Rússia e Índia. Isso evidentemente relativiza o argumento de que o que nós, no norte global, podemos fazer para reduzir as emissões, será anulado pela imensa fome de energia daqueles países.

Como o gráfico deixa claro, pudemos financiar nosso surto de desenvolvimento durante muito tempo graças a um "crédito" no clima global, e a humanidade toda ainda passará muito tempo às voltas com essa hipoteca. Se isso tudo não deve levar à conclusão de que a justiça só será feita quando aqueles países tiverem emitido no mínimo tanto dióxido de carbono quanto os Estados Unidos — e os Estados Unidos não parariam de repente de viver como até agora —, a alternativa é encontrar uma outra maneira de compensação entre os países.

E como poderia ser essa compensação?

Tomemos o exemplo da floresta na Amazônia. Segundo cálculos do Centro Helmholtz de Pesquisa Ambiental (Helmholtz-Zentrum für Umweltforschung), a região armazena até 76 bilhões de toneladas de dióxido de carbono e a cada ano armazena outros 600 milhões de toneladas de carbono.[13] A floresta amazônica é um importante fator na luta contra as mudanças climáticas, que, por sua vez, afetam toda a comunidade mundial. Por isso, não admira que o presidente francês Emmanuel Macron tenha externado sua preocupação com os incêndios que a cada ano destroem grandes trechos da região.[14] Por outro lado, a maior parte da floresta amazônica fica em território brasileiro, e o presidente Jair Bolsonaro considera ingerência nos assuntos internos do país quando chefes de Estado estrangeiros se pronunciam dizendo que o combate aos incêndios deveria ser mais rápido e eficiente.

Um conflito clássico.
O Brasil gostaria de se aproximar mais das nações industrializadas ocidentais com PIB elevado. Faz parte dos chamados países em desenvolvimento, ou seja, na porta de serem admitidos ao clube. Para isso, o Brasil gostaria de poder contar com a região amazônica com sua madeira, as matérias-primas, não por último com a área agricultável que muitas vezes primeiro serve de pasto para o gado e depois para o cultivo da soja. O Brasil é o maior exportador de carne do mundo[15] e o segundo maior de soja,[16] com a qual, conforme já mencionamos, alimentamos as vacas e os porcos na Alemanha. A União Europeia fechou com a América do Sul o acordo Mercosul para facilitar o comércio.
Portanto: a Europa tem direito de apontar o dedo e fazer ameaças, ou vai se expor ao ridículo?
E tem direito a criticar o Brasil e seus planos?
Países como a Alemanha ou a Grã-Bretanha também saquearam matérias-primas em seus territórios do jeito que quiseram, sem que ninguém se metesse. Se, por exemplo, tivessem deixado sob a Terra as reservas de carvão, hoje não teríamos tanto dióxido de carbono na atmosfera.

O economista sul-coreano Ha-Joon Chang publicou em 2002 o livro intitulado *Kicking Away the Ladder* [Chutando a escada], em que descreve como os países industrializados do norte estão vetando aos países em desenvolvimento exatamente os mesmos métodos que eles utilizaram para a sua ascensão. Impostos elevados para proteger as empresas locais, pirataria de produtos ou a concentração em indústrias-chave: tudo isso países como os Estados Unidos, a Grã-Bretanha, a Alemanha ou o Japão já empregaram e voltaram a empregar para gerar mais crescimento.

"Quando alguém ascendeu ao pico do poder", escreve Ha-Joon Chang, "é bem inteligente simplesmente chutar a escada pela qual ele subiu."[17]

Como podemos sair dessa corrida rumo à destruição do mundo? Como podemos encontrar um entendimento mútuo de equidade que nos permita agir conjuntamente em vez de nos confrontar e que permita associar objetivos ambientais aos sociais?

Para mim, a solução passa por pensar a partir do futuro, de maneira sistêmica. Como vimos no método do véu da ignorância de John Rawls, nossas ideias individuais de equidade distributiva são relativamente parecidas, se nos abstivermos da comparação direta.

Se assumíssemos a distribuição ideal dos americanos, os 10% do PIB mundial, que, na opinião dos entrevistados daquela pesquisa, deviam ser distribuídos entre os 10% mais pobres da população mundial, correspondem precisamente àqueles 8,2 trilhões de dólares estacionados nos paraísos fiscais. Essa quantia equivale a pouco mais de mil dólares por cabeça por ano, ou a 27 dólares por dia.

Portanto, a ideia de subir o limite da pobreza extrema para 7,40 dólares ou mesmo 15 dólares por dia, conforme apontado no capítulo 4, nem parece tão ousada assim. Já o indicador utilizado pelo Banco Mundial, de 1,90 dólar por dia, torna-se totalmente despropositado. Só mesmo os que estão no topo podem considerar legítimo um sistema que emprega esse valor de 1,90 dólar por dia, sem analisar as diversas faixas de renda.

O lema dos objetivos da sustentabilidade global é: não deixar ninguém para trás. Em um planeta limitado, a outra conclusão é: não deixar ninguém se afastar.

Com essa fórmula, nos aproximaremos daquelas condições em que uma "mão invisível" permite de forma permanente negociar bons resultados entre muita gente. Como Oliver Richters e Andreas Siemoneit constatam em seu livro *Marktwirtschaft reparieren* [Consertar a economia de mercado]: "A propriedade particular exige responsabilidade e não permite o desleixo. São funções corretas e importantes. Mas a propriedade não pode ser um valor absoluto. Em primeira linha, deve cumprir uma função social, e não uma função individual. Deve permitir a divisão de trabalho entre desconhecidos, e não acumulação. Suas fronteiras devem estar onde ela passa a restringir a liberdade de outros, ou seja, levando a uma acumulação excessiva de poder e permitindo colher sem semear."[18]

Considerando isso, não parece absurda a ideia de que alguns limites poderiam vir a ajudar mesmo aos que se encontram no topo da pirâmide. Esses achados têm sido reunidos pela maioria dos sociólogos nos últimos anos, confirmando aquilo que Tim Kasser já havia descrito como sendo o efeito psicológico do materialismo: a sociedade se afasta da situação em que há igualdade de oportunidades e segue rumo a um mundo em que valor é expresso apenas em dinheiro, posses ou fama. Quando essa narrativa vem associada a uma sociedade em que o acesso às oportunidades e o bem-estar de qualquer maneira estão bem distorcidos, o estresse tende a crescer mesmo nos segmentos mais afortunados da sociedade.

Em 2019, Daniel Markovit e Michael Sandel escreveram explicando por que esse tipo de meritocracia prejudica todos e quanta coisa as pessoas com altos salários precisam sacrificar em nome de suas remunerações e do estilo de vida desse tipo de consumo de distinção social. Sacrificam nada menos do que a sua vida inteira, incluindo às vezes até a sua saúde. Começa no jardim de infância, ao ingressar nas instituições de elite. Depois, os alunos e as alunas terão índices de estresse três vezes mais elevados do que seus colegas em escolas normais. No Vale do Silício, 54% dos colegiais revelam sinais de depressão e 80% sintomas moderados a fortes de estresse.[19] O trabalho de um banqueiro vai de 9 às 5, ou seja, das nove da manhã às cinco da madrugada do dia seguinte. O sentido de trabalhar se perde para a maioria, assim como o sentido para a família, os amigos e a própria saúde. Mas para não perder o elo "para cima", o salário não pode faltar.

E o que pode ser concretamente um limite "para cima"?

A tributação progressiva e uma boa fiscalização dos cartéis.

Então, além de um objetivo social, a equidade ainda se tornará um meio de assegurar a qualidade de vida e a coesão social.

E como aplicar a perspectiva de sistemas salutares orientada para o futuro aos problemas ambientais? No caso da floresta amazônica, o ideal seria uma negociação como a que já avançou bem com o governo do Equador com o presidente Rafael Correa. Inclui a ideia de um fundo no qual os países ricos contribuem para que o Equador deixe o petróleo do Parque Nacional Yasuní no solo. No final, a ideia fracassou por desconfiança: faltaram garantias de que o Equador ia acabar extraindo o petróleo no momento em que tivesse gasto o dinheiro do fundo. Mas essa é uma questão de vontade política e da busca de boas instituições — transferências mais permanentes, garantidas por novas tecnologias como uma *blockchain*. Não se trata de conflito de interesses entre objetivos sociais e ambientais, ao contrário.

Outro exemplo nessa direção é o Earth Atmospheric Trust, proposto por um grupo de economistas ambientalistas liderado pela vencedora do Prêmio Nobel Elinor Ostrom.[20] Quem ultrapassar a sua parcela em emissões de carbono deposita uma soma correspondente no fundo. Uma parte dos recursos assim arrecadados seriam pagos para todos como um tipo de salário sem condições ou contrapartida. Ou seja: como os mais pobres emitem menos carbono, seriam premiados. Já houve uma proposta parecida para a precificação do CO_2 na Alemanha,[21] e sua recusa foi recebida por economistas de todas as tendências com muita falta de compreensão.

Mas o mecanismo da União Europeia chamado de *effort sharing* (ou seja, esforço compartilhado) no comércio de emissões adota esse modelo concretamente, e a Alemanha se verá obrigada a pagar multas de até 60 bilhões de euros aos países vizinhos, se a sua política climática não mudar drasticamente.[22]

Para você, leitor e leitora, todos esses exemplos podem ser pouco convencionais, mas são mecanismos dos quais necessitaremos em grande estilo, disso tenho certeza. O princípio que fundamenta tudo isso (e que se orienta no futuro) é: aqueles que, em razão de seu desenvolvimento intensivo em recursos no passado, hoje têm a riqueza e a capacidade, devem fazê-lo. Porque, para os demais, esse caminho do desenvolvimento simplesmente baseado em extração maciça não estará mais aberto. A equidade é isso, é mais do que generosidade.

Vivemos em tempos de crise, e não faz mais sentido algum se agarrar àquilo que podemos perder individualmente. É melhor focar naquilo que é possível por meio de um uso coletivo dos recursos existentes. Basta pensar nas enchentes do rio Elba em Hamburgo há alguns anos. Na crise, cada um(a) ajuda com o que tem à disposição: sacos de areia, caminhões, camionetes, moradia, força física, informações, dinheiro, café, chá e sanduíches, não importa.

E o que fazemos hoje?

Hoje nos acusamos mutuamente de que o seu saco de areia é grande demais, o caminhão, muito pequeno, o bairro é feio, as informações não estão ainda 120% seguras, o seu pagamento compensatório não corresponde à distância da sua casa até o rio, o café ficou ralo. Ninguém ganha nada, e a enchente virá do mesmo jeito.

Podemos fazer melhor.

EQUIDADE

Equidade é a chave para uma forma de economia sustentável que funcione no âmbito global. Só assim será possível impedir que a questão ambiental seja usada para confrontar a perspectiva social. Ambas são indissociáveis e só podem ser resolvidas de maneira conjunta. Para esse novo tipo de equidade teremos que sacrificar algumas vacas sagradas da narrativa do crescimento e trilhar outros caminhos. Dessa maneira, no entanto, poderemos deixar para trás alguns dos seus efeitos colaterais que estão escapando do controle.

10
Pensar e agir

> "Mesmo que algumas pessoas acreditem que nosso tempo hoje é pautado pelo 'grande sonho de ganhar dinheiro', fica ainda uma sensação inabalável e incômoda de que nossa obsessão em otimizar rotinas criativas e maximizar a produtividade nos faz esquecer de como manter contato com o maravilhoso mistério da vida."
>
> Maria Popova, autora

Há alguns anos, o Instituto Wuppertal para o Meio Ambiente e o Clima, no qual eu então trabalhava, realizou uma série de seminários sobre como reformar o sistema energético rumo à sustentabilidade. Convidamos tomadores de decisão de toda a Europa que, em suas respectivas empresas, comunidades, governos e organizações não governamentais se viam diante da tarefa de ajudar a organizar as estratégias dessa reforma. Quisemos dirigir o seu olhar para o simples fato de que todos nós tomamos decisões sob determinadas circunstâncias. Essas circunstâncias formam o contexto daquilo que consideramos realista, possível ou desejável, como se fosse a caixa na qual estamos quando pensamos ou agimos no nosso dia a dia. Mas para encontrar processos inovadores, não ajuda apenas sair rapidamente dessa caixinha e ter ideias para novas e pequenas mudanças. Faz sentido sair e se afastar bastante, para que tenhamos uma visão geral da caixa em si. Talvez ela também precise de mudanças.

A finalidade dos nossos seminários era fornecer novos ingredientes científicos aos participantes e apontar para pontos de vista diferentes. Quisemos permitir que eles desenvolvessem uma melhor compreensão para esses processos de transformações, como colocá-los em marcha e esperar que se solidifiquem. Tive a impressão de que, ao final, a maior parte dos participantes estava ansiosa para voltar aos seus trabalhos para colocar as novas ideias em prática

Foi o momento em que contamos o conceito da "segunda-feira perversa".

A segunda-feira perversa, para nós, era a expressão daquele fenômeno que todos conhecemos, quando voltamos com a cabeça fresca e cheia de ideias de um evento, com vontade de tomar logo novas iniciativas, mas nos vemos às voltas com a mesma organização, com os mesmos objetivos, processos, as mesmas conversas e reuniões de sempre. Era para esse momento que quisemos preparar os participantes dos nossos seminários.

E é para isso que quero preparar você também.

Se o objetivo que eu tinha com este livro funcionou, você saiu da caixinha por um momento. Pode ser que você passe a ver com outros olhos o mundo que nos cerca. Pode ser que deixe de acreditar em determinadas histórias, identificando outras correlações e sentindo o impulso para não aceitar certos pontos nos quais todos até agora, incluindo você, estavam de acordo. Se tudo funcionar como eu espero, talvez você tenha tido ideias sobre que passos devem ser dados rumo a um futuro sustentável. Um futuro no qual natureza e humanidade se reconciliem. Um futuro em que estivessem pacificados todos os pequenos e grandes incitadores de um estilo de vida que, hoje, não traz nem a maior felicidade para a maioria nem permite a regeneração das bases de vida das quais depende a felicidade para todos nós. Um futuro no qual voltaremos a compartilhar mais e em que estaremos satisfeitos com aquilo que temos.

Mas então você para e constata que o mundo continua o mesmo. Que as pessoas com as quais você convive dessa ou daquela maneira continuam iguais e talvez até queiram deixar tudo como está.

Essa então seria a sua "segunda-feira perversa".

Como transformar, portanto, um mundo repensado?

Depois de tudo o que você leu neste livro, espero que esteja de acordo que o mundo precisa de transformação. Continuar como sempre não é uma opção, porque leva a consequências radicais e pouco convidativas. Pois mesmo se não mudarmos nada, muita coisa vai mudar — e para pior. Nosso sistema econômico não vai parar antes de passarmos outros trinta anos brigando e finalmente concordando em algumas transformações mínimas que não o atrapalhem.

Nós todos somos parte de sistemas interligados em rede, em que nada fica sem consequência, queiramos ou não, mudando de postura ou não. Mas isso também significa que temos a oportunidade de dar um rumo consciente a essas modificações. Para sermos mais exatos, não temos apenas a oportunidade, mas também a responsabilidade de fazê-lo. Todos os dias podemos ser parte da transformação que desejamos para este mundo, mesmo que ela pareça pequena e insuficiente à primeira vista.

Evidentemente, o mundo não vai mudar só porque você leu um livro. Não sou chefe de Estado de um grande país industrializado e imagino que você tampouco o seja. Mesmo que fosse, só esse poder e influência não bastariam para recolocar nossos sistemas em bases sadias. Pois até mesmo os poderosos e influentes, como escuto sempre, buscam regras e compromissos que, por um lado, possam provocar a reorientação de inovações e investimentos e, por outro, despertar a confiança de se manter efetivas no longo prazo. Foi o que eu chamei de novo contrato social neste livro. Essa forma de responsabilidade pelo bem comum orientada no futuro é a que nós deveríamos reivindicar — e oferecer.

Democracia não significa esperar pelo dia das eleições ou ser eleito para um governo ou uma empresa antes de podermos fazer qualquer coisa nessa direção. É o que vemos na prática: só porque alguém é presidente de um país ou de uma empresa não significa que ele ou ela automaticamente passem a fazer algo. Isso só funciona quando muita gente deseja genuína e seriamente, ou seja, depende de cada um de nós. E tudo começa olhando para a caixinha mencionada anteriormente, pensando sobre o que faz sentido e é objetivo e de acordo com que dogmas, rotinas e modelos devemos escolher o próximo entre tantos passos possíveis.

No capítulo sobre a nova realidade, no qual um astronauta clicou a primeira foto do nosso planeta a partir do espaço, mostrei a importância do modo como imaginamos uma determinada coisa ou situação. Essa imagem determina a maneira como nos aproximamos dela, a abordamos e a relação que estabelecemos com ela. Nas nossas imagens de como vemos a Terra, a sua natureza, como somos nós, os humanos, para que serve o progresso, para que devemos aplicar a tecnologia e o que nos parece justo, reside a possibilidade de interpretar o que é possível no mundo e o que não é.

Meu convite foi questionar algumas dessas imagens.

Repensar nosso mundo, para mim, é como um golpe de libertação. Ainda que não possamos interromper a esteira transportadora da extração sem fim — o que seria um processo abrupto e pouco desejável —, poderíamos tentar adquirir a clareza, a coragem e a confiança de transformá-la em um ciclo regenerativo. Isso não requer alguns poucos poderosos, nós todos podemos contribuir. Por isso, este livro toda hora se refere a "nós".

Mesmo que você discorde de mim em muitos pontos, estamos todos juntos com as nossas opiniões divergentes em nossos sistemas interligados. Podemos gritar uns com os outros e nos ofender. Essa tendência, aliás, já existe. Ou então podemos concordar em aprender uns com os outros, apontar com honestidade o que nos parece importante e onde estaríamos dispostos a compartilhar, o que queremos dizer quando mencionamos determinados conceitos. Pode parecer meio idiota, mas é assim que nossos filhos aprendem desde o jardim de infância. Não se trata de não discordar. Trata-se de tentar diminuir a porção do "eu" dentro do "nós".

Quanto mais energicamente alguém afirma que não existem alternativas para determinado problema, mais deveríamos questioná-lo. É essa a minha intenção. Não se contente com respostas rápidas, construções numéricas complexas, abreviações ininteligíveis e jargões técnicos. Nem com respostas como "eis um coração piedoso". Seu questionamento é um circuito de feedback, cria uma dúvida, enseja a reflexão, tem um efeito. Dependendo do efeito desse tipo de feedback em uma sociedade, o rumo de seu desenvolvimento pode mudar. Mesmo que, nesse momento, você não receba uma resposta satisfatória, terá deixado um efeito. E todos esses efeitos juntos podem ser aplicados conscientemente.

Sair da caixinha, pensar fora dela e questioná-la em tempos de crise traz clareza sobre quais partes da caixa poderiam ser mudadas. E quanto mais a caixinha começar a balançar, mais coragem nos inspirará essa nova maneira de pensar. E é de coragem que precisamos hoje em dia, muita coragem.

Em uma sociedade democrática, não dependemos apenas da coragem dos políticos, mas também da coragem da população para apoiá-los. Será uma tarefa hercúlea romper com o hábito de calcular tudo e qualquer coisa em dinheiro e, por isso, reservar a ele — que é um mero meio para um fim — um trono na nossa escala de valores. Se existe algo que nos debates sobre os motivos profundos do desenvolvimento insustentável não recebe suficiente atenção, é a financialização do nosso mundo e das nossas relações. Existem tantas outras possibilidades de organizar e expressar divisão do trabalho, cooperação, valor adicionado e valor atribuído. Uma monocultura produzirá para nós condições de bastante fragilidade. Assim, a tarefa central para uma sociedade sustentável não deverá estar apenas nas mãos dos ministérios do Meio Ambiente, do Desenvolvimento ou Social, e sim na dos ministérios da Economia e das Finanças, que têm a supremacia sobre todos os números e conceitos com os quais foram construídas as paredes da caixinha.

Além disso, existe a coragem das consumidoras e dos consumidores de tomar suas decisões de compra de modo a apoiar aquelas empresas que já hoje desenvolvem as inovações para o amanhã. A coragem dos meios de comunicação de relatar de maneira diferenciada sobre objetivos e efeitos de leis e as facetas do sucesso econômico. A coragem das empresas de integrar, em seus balanços, os valores e indicadores sociais e ambientais, e a coragem de investidores de priorizar esse tipo de valor agregado. A coragem de prefeitos e prefeitas, que planejam suas cidades com os cidadãos, e finalmente a coragem de ministros e ministras da Educação, assim como de dirigentes de escola, de inserir nos planos de aula e nos livros escolares aqueles conteúdos que nos transmitam a clareza, as competências e a coragem de que necessita o século XXI.

A experiência da autoeficácia é a melhor maneira de, na crise, mudar da defesa reativa para a busca ativa de soluções. E se agirmos na nossa autoeficácia, baseando-nos no entendimento e na cooperação, outras pessoas competentes começarão a vibrar junto mais rápido do que você poderia imaginar.

Ao nos despedirmos dos participantes dos nossos seminários, costumávamos dar-lhes sempre três conselhos antes de voltarem ao antigo ambiente de trabalho para mudá-lo.

Seja gentil e paciente, mas fique atento. Se e quando não conseguir avançar, volte um passo para trás, olhe para a sua caixinha e analise se não há outra abordagem possível. Existem muitos pontos de entrada para iniciar a mudança: por meio da visão, da linguagem, dos números, de incentivos, processos, do design do escritório ou da cultura da união. Palestras com especialistas externos, exemplos de pioneiros de sucesso ou novas alianças também são caminhos possíveis.

Procure outros ativistas. Prometo a você: no momento em que assumir as novas posições, haverá muito mais gente ao seu lado do que você imagina. Encontre uma linguagem e uma forma de lidar com as pessoas, ou novas formas de organização que expressem aquilo que você deseja obter. Quanto mais as histórias do cotidiano se distanciarem dos conceitos e termos antigos, mais claro e visível se tornará o novo rumo. Sempre haverá vários caminhos, a reforma das "caixinhas" tem lugar para vários heróis e heroínas. Dar valor às diferentes habilidades e contribuições é tão importante quanto compartilhar e disseminar as histórias positivas de sucesso, e abrir os braços se algo der errado.

E, sobretudo, não se deixe abater pela "segunda-feira perversa". A semana tem ainda vários outros dias. Por isso é tão importante ser gentil consigo próprio e levar a sério resultados da psicologia e da pesquisa sobre a felicidade. Pois o impulso interior é um motor mais confiável do que o reconhecimento externo. Quando a sensibilidade geral para o problema ainda não está muito disseminada, esse reconhecimento e estímulo de fora é inicialmente pequeno, principalmente no caso de grandes transformações, como a "reforma da caixinha". Pelo menos é uma sensação que eu conheço muito bem. Concentre-se naquilo que está ao seu alcance e não se preocupe tanto com aquilo que está fora do seu poder — incluindo as reações perversas àquilo que você faz. Fique em contato com sua intenção original. Você não pode assumir responsabilidade maior, mas já é um bom começo. Muito importante: alimente o seu humor e as risadas, que não devem jamais sucumbir. Fazer o futuro é saber viver bem a vida!

Naturalmente ninguém poderá dizer como será um mundo novo que surgirá quando largarmos conceitos e narrativas antigas. Mas se, nas nossas decisões, além da dose saudável de egoísmo, atentarmos para a saúde do todo, a tirania dos pequenos passos rapidamente se transforma em outra história, pois a soma do todo é bem mais do que as suas partes.

Agradecimentos

Um livro que é de tal maneira ligado a questões pessoais só existe graças ao apoio pessoal. Recebi encorajamento e estímulos fantásticos por parte de Uwe Schneidewind e Thomas Hölzl. Maria Barankow e Julia Kositzki, da editora Ullstein, foram maravilhosas e me ajudaram incansavelmente. Agradeço a todos. Também quero agradecer à minha equipe no Conselho Científico do governo alemão (Wissenschaftlicher Beirat der Bundesregierung Globale Umweltveränderungen). Agradeço a tolerância com meus horários de trabalho irregulares. Sou grata a Jonathan Barth, que reviu comigo o capítulo sobre o crescimento econômico. Tanja Ruzicska foi uma preparadora incrível, com olhar agudo e um riso caloroso, bem como uma companhia a qualquer hora do dia. Eu a condecorei com o prêmio de psicologia positiva!

Mas o maior agradecimento vai para minha mãe, que sempre me ajudou quando aqui as muitas tarefas simultâneas me sobrecarregavam. Também ao meu pai, que prestou um apoio generoso e incrível em 2019. Vocês são demais!

Notas e fontes

2. Uma nova realidade

1. Cf. Apollo Flight Journal. Disponível em: <https://history.nasa.gov/afj/ap08fj/16day4_orbit4.html>. Acesso em: 5/10/2021.
2. Roger Revelle, Hans E. Suess, "Carbon Dioxide Exchange Between Atmosphere and Ocean and the Question of an Increase of Atmospheric CO_2 during the Past Decades" [A troca de dióxido de carbono entre a atmosfera e o oceano e a questão do aumento de CO_2 atmosférico nas últimas décadas]. *Tellus*, Informa UK Limited, 9 (1): p. 18-27.
3. Carbon Dioxide Information Analysis Center: "Desde 1751, o consumo de combustíveis fósseis e a produção de cimento liberaram pouco mais de 400 bilhões de carbono para a atmosfera. Metade das emissões de CO_2 resultantes de combustíveis fósseis foi gerada desde o final dos anos 1980." Disponível em: <https://cdiac.ess- dive.lbl.gov/trends/emis/tre_glob_2014.html>. Acesso em: 6/1/2020.

3. Natureza e vida

1. Ver, por exemplo, o artigo "Kein Mensch will Tiere am ersten Tag töten" [Ninguém quer matar animais no primeiro dia], *Tagesspiegel*, 31/3/2015. Disponível em: <https://www.tagesspiegel.

de/wirtschaft/gegen-kuekenschreddern-kein-mensch-will-tiere-am-ersten-tag-toeten/11578688.html>; ou "Das Gemetzel geht weiter" [A matança continua], *Süddeutsche Zeitung*, 29/2/2018. Disponível em: <https://www.sueddeutsche.de/wirtschaft/kueken-schreddern-das-gemetzel-geht-weiter1.3924618>. Acesso em: 5/10/2021.
2. Ver "Burning Deadstock? Sadly, 'Waste is nothing new in fashion'"[Incinerar o estoque parado? Infelizmente, "lixo não é novidade na moda"] *Fashion United*, 19/10/2017. Disponível em: <https://fashionunited.uk/news/fashion/burning-apparel-deadstock-sadly-waste-is-nothing- new-in-fashion/2017101926370>. Acesso em: 5/10/2021.
3. Nosso futuro comum. Relatório Brundtland, da Comissão Mundial para Meio Ambiente e Desenvolvimento da ONU. Texto em português disponível em: <https://edisciplinas.usp.br/pluginfile.php/4245128/mod_resource/content/3/Nosso%20Futuro%20Comum.pdf>. Acesso em: 5/10/2021.
4. Robert Solow, "The Economics of Resources or the Resources of Economics" [A economia dos recursos ou os recursos da economia], *American Economic Review*, 1974, 64 (2), p. 1-14.
5. Ver Bundesamt für Naturschutz (org.), "Bestäubung als Ökodienstleistung" [Polinização enquanto serviço ambiental]. Disponível em: <https://www.bfn.de/themen/natura-2000/eu-und-internationales/schutz-der-bluetenbestaeuber/bestaeubung-als-oekosystemdienstleistung.html>. Acesso em: 5/10/2021.
6. Robert Costanza, Rudolf de Groot, Paul Sutton, Sander van der Ploeg, Sharolyn J. Anderson, Ida Kubiszewski, Stephen Farber, R. Kerry Turner, "Changes in the global value of ecosystem services" (Transformações no valor global dos serviços dos ecossistemas), *Global Environmental Change*, vol. 26, 2014, p. 152-158.

4. Ser humano e comportamento

1. Cf. James Gamble, "The Most Important Problem in the World" [O problema mais importante do mundo], *Medium*, 13/3/2019. Disponível em: <https://medium.com/@jgg4553542/the-most-important-problem-in-the-world-ad22ade0ccfe>. Acesso em: 5/10/2021.
2. Citação extraída do livro *Good Work* [O bom trabalho] de Ernst Friedrich Schumacher (1979). Ver no original no site do Instituto Schumacher: <https://www.schumacherinstitute.org.uk/about-us/>. Acesso em: 6/1/2020.

5. Crescimento e desenvolvimento

1. Henrik Nordborg, "Ein Gespenst geht um auf der Welt — das Gespenst der Fakten" [Um fantasma ronda o mundo, o fantasma dos fatos]. Disponível em: <https://nordborg.ch/wp-content/uploads/2019/05/Das-Gespenst-der-Fakten.pdf>. Acesso em: 5/10/2021.
2. Cf. Umweltbundesamt (org.), "Stromverbrauch" [Consumo de energia], 3/1/2020. Disponível em: <https://www.umwelt-bundesamt.de/daten/energie/stromverbrauch>, bem como Umweltbundesamt (org.), "Energieverbrauch nach Energieträgern, Sektoren und Anwendungen" [Consumo de energia por setores e uso], 3/1/2020. Disponível em: <https://www.umweltbundesamt.de/daten/energie/energieverbrauch-nach-energietraegern-sektoren>. Acesso em: 5/10/2021.
3. Cf. Ernst Ulrich von Weizsäcker, Andus Wijkman u. a., Wir sind dran (É a nossa vez de agir], Gütersloh 2018.
4. Cit. Cf. Heinz D. Kurz, "Eigenliebe tut gut" [Amor-próprio faz bem], *Die Zeit*, 01/1993. Disponível em: <https://www.zeit.de/1993/01/eigenliebe-tut-gut/komplettansicht>. Acesso em: 5/10/2021. Em português: Adam Smith: A riqueza das nações, investigação sobre sua natureza e suas causas, trad. Luiz Joao Baraúna.

5. Cf. Jason Hickel, "Bill Gates says poverty is decreasing. He couldn't be more wrong" [Bill Gates diz que a pobreza está caindo. Ele não poderia estar mais errado], *The Guardian*, 29/1/2019. Disponível em: <https://www.the guardian.com/commentisfree/2019/jan/29/bill-gates-davos-global-poverty-infographic-neoliberal>. Acesso em: 6/1/2020.
6. David Woodward, "Incrementum ad Absurdum: Global Growth, Inequality and Poverty Eradication in a Carbon-Constrained World", *World Social and Economic Review 2015*, n. 4.
7. Jan Göbel, Peter Krause, "Einkommensentwicklung — Verteilung, Angleichung, Armut und Dynamik", *Destatis Datenreport 2018*, p. 239-253. Disponível em: <https://www.destatis.de/DE/Service/Statistik-Campus/Datenreport/Downloads/datenreport-2018-kap-6.pdf?blob=publicationFile>. Acesso em: 6/1/2020.
8. World Inequality Lab, Relatório sobre desigualdade mundial, 2018, na versão alemã, p. 11. Disponível em: <https://wir2018.wid.world/files/download/wir2018-summary-german.pdf>. Acesso em: 5/10/2021.
9. Gabor Steingart, "Konzerne manipulieren nach Belieben die Aktien — und der Staat schaut einfach zu" [Empresas manipulam as ações a seu bel-prazer, e o Estado só assiste], *Finanzen100 von Focus Online*, 8/11/2019. Disponível em: <https://www.finanzen100.de/finanznachrichten/boerse/konzerne-manipulieren--nach-belieben-die-aktienkurse-und-der-staat-schaut-einfachzu_H1907961083_11325544/>. Acesso em: 5/10/2021.
10. Tagesschau, "Milliarden für die Aktionäre: Geldmaschine JP-Morgan", boerse.ard.de, 16/7/2019. Disponível em: <https://www.tagesschau.de/wirtschaft/boerse/jpmorgan-gewinne-101.html>. Acesso em: 5/10/2021.
11. Linsey McGoey, "Capitalism's Case for Abolishing Billionaires", *Evonomics*, 27/12/2019. Disponível em: <https://evonomics.com/capitalism-case-for-abolishing-billionaires/>. Acesso em: 16/1/2020.

12. "Neue Wert-Schöpferin", *Manager Magazin*, 08/2018. Disponível em: <https://heft.manager-magazin.de/MM/2018/8/158462586/index.html>. Acesso em: 5/10/2021.

6. Progresso tecnológico

1. Sobre o paradoxo descrito por Jevons em seu livro *The Coal Question* [A questão do carvão] (Londres, 1865). Disponível em: <https://archive.org/stream/in.ernet.dli.2015.224624/2015.224624.The-Coal#page/n123/mode/2up>; aqui citado segundo: Marcel Hänggi, "Das Problem mit dem Rebound", *heise online*, 5/12/2008. Disponível em: <https://www.heise.de/tr/artikel/Das-Problem-mit-dem-Rebound-275858.html>.
2. Cf. Uwe Schneidewind, *Die Große Transformation* [A grande transformação], Frankfurt am Main 2018, p. 58.
3. Greenpeace (org.), "Wie steht's mit dem E-Auto?" Disponível em: <https://www. greenpeace.de/themen/energiewende/mobilitaet/wie-stehts-mit-dem-e-auto>. Acesso em: 6/01/2020).
4. Tim Jackson, Peter A. Victor, "Unraveling the claims for (and against) green growth" (Die Forderungen für (und gegen) grünes Wachstum sortieren)", *Science Magazine*, 22/11/2019. Disponível em: <https://www. sciencemagazinedigital.org/sciencemagazine/22_november_2019/MobilePagedArticle.action?articleId=1540189#articleId1540189>. Acesso em: 6/1/2020.
5. Holger Holzer, "Tesla Cybertruck in Europa möglicherweise nicht zulassungsfähig", *Handelsblatt*, 16/12/2019. Disponível em: <https://www.handelsblatt. com/auto/nachrichten/elektro-pickup-tesla-cybertruck-in-europa-moeglicherweise-nicht-zulassungsfaehig/25338516.html?ticket=ST-40888407-bktf-NHY7WE6wW5UKdJ6o-ap6>. Acesso em: 6/1/2020.

6. Philipp Staab, *Falsche Versprechen* [Falsas promessas] Hamburgo, 2016, p. 75-76.
7. Georg Franck, *Ökonomie der Aufmerksamkeit* [Economia da atenção], Munique 1998.
8. Cf. Douglas Rushkoff, "We shouldn't blame Silicon Valley for technology's problems — we should blame capitalism" (Não deveríamos buscar um culpado pelos problemas tecnológicos no Vale do Silício, e sim no capitalismo), *Quartz*, 24/1/2019. Disponível em: <https://qz.com/1529476/we-shouldnt-blame-silicon-valley-for-technologys- problems-we-should-blame-capitalism/>. Acesso em: 5/10/2021.

    Ver também The Associated Press, "Ex-Google exec Harris on how tech downgrades humans" [Harris, ex-Google, sobre como a tecnologia degrada o ser humano], *Sentinel*, 11/8/2019. Disponível em: <https://sentinelcolorado.com/sentinel-magazine/qa-ex-google-exec-harris-on-how-tech-downgrades-humans/>. Acesso em: 5/10/2021.

7. Consumo

1. Stefan Lessenich, *Neben uns die Sintflut* [A nosso lado, o dilúvio], Munique, 2016, p. 196.
2. Cf. Disponível em: <https://www.aeb.com/media/docs/press-de/2019-10-02-pressemeldung-aeb-esd-abfallexporte.pdf>. Acesso em: 5/10/2021. Ver também: <https://www.handelsblatt.com/unternehmen/handel-konsumgueter/abfall-deutschland-exportiert-mehr-muell-als-maschinen/25078510.html?ticket=ST-383546--sm0R3FsRz0KKBvflTbnN-ap2>. Acesso em: 5/10/2021.
3. Ver Fundação Heinrich Böll, Institute for Advanced Sustainability Studies, Bund für Umwelt-und Naturschutz Deutschland e Le Monde diplomatique (org.), *Atlas do solo 2015*. Disponível em:

<https://br.boell.org/pt-br/2015/01/16/atlas-do-solo-terra-alimento-
-e-energia>. Acesso em: 5/10/2021.
4. Ver Rosa, Hartmut, *Unverfügbarkeit* [Indisponibilidade], Viena e Salzburg, 2018.
5. Barry Schwartz, *Anleitung zur Unzufriedenheit* [Manual do descontentamento], Berlim, 2004.
6. Tim Kasser, *The High Price of Materialism* [O elevado preço do materialismo], Cambridge, 2002.
7. Derek Curtis Bok, *The Politics of Happiness: What Government Can Learn from the New Research on Well-Being*. Princeton, N.J. 2010, p. 15
8. Armin Falk, "Ich und das Klima" [Eu e o clima], *Die Zeit*, 21/11/2019. Disponível em: <https://www.econ.uni-bonn.de/Pressemitteilungen/der-klimawandel-ver-haltensoekonomisch-betrachtet-von-
-armin-falk>. Acesso em: 6/1/2020.

8. Mercado, Estado e bem comum

1. Cf. Heinrich Böll Stiftung org.), "Fünf Konzerne beherrschen den Weltmarkt". Disponível em: <https://www.boell.de/de/2017/01/10/fuenf-agrarkonzerne-beherrschen-den-weltmarkt?dimension1=ds_konzernatlas>. Acesso em: 5/10/2021.
2. Compare as taxas do PIB nas páginas do Banco Mundial. Disponível em: <https://data.worldbank.org/indicator/NY.GDP.MKTP.CD?view=mape>, <https://www.statista.com/statistics/263264/top-
-companies-in-the-world-by-market-value/>. Acesso em: 5/10/2021.
3. Mariana Mazzucato, *Das Kapital des Staates: Eine andere Geschichte von Innovation und Wachstum*, Munique, 2014. Ed. brasileira: Mariana Mazzucato, *O Estado empreendedor*, Ed. Portfolio 2014.
4. Cf. "The Silicon Six", *Fairtaxmark*, dezembro 2019. Disponível em: <https://fair taxmark.net/wp-content/uploads/2019/12/Silicon-Six-
-Report-5-12-19.pdf>. Acesso em: 5/10/2021.

5. Cf. "Amazon in its Prime" [Amazon no auge], Institute on Taxation and Economic Policy (ITEP), 13/2/2019. Disponível em: <https://itep.org/amazon-in-its-prime-doubles-profits-pays-0-in-federal-income- taxes/>. Acesso em: 5/10/2021.
6. Karen Vaughn, *Invisible Hand* [A mão invisível], Londres 1983, p. 997. E Keynes: John Maynard Keynes, *Das Ende des Laissez-Faire* [O fim do laissez-faire], Munique e Leipzig, 1926, p. 35.
7. Universidade de Bamberg (org), "Präventives Retourenmanagement und Rücksendegebuehren — Neue Studienergebnisse", *retourenforschung.de*, Press release de 11/2/2019. Disponível em: <http://www.retourenforschung.de/info-praeventives-retourenmanagement-und-ruecksendegebuehren-neue-studienergebnisse.html>. Acesso em: 6/1/2020.
8. Henning Jauernig, Katja Braun, "Die Retourenrepublik", *Spiegel*, 12/6/2019. Disponível em: <https://www.spiegel.de/wirtschaft/soziales/amazon-zalando-otto-die-retouren-republik-deutschland-a-1271975.html>. Acesso em: 5/10/2021.
9. Disponível em: <https://teachingamericanhistory.org/library/document/fireside-chat-on-the-new-deal/>. Acesso em: 5/10/2021.
10. Thomas Beschorner, *In schwindelerregender Gesellschaft* [Em uma sociedade vertiginosa], Hamburgo 2019.
11. Sobre a fatia do mercado dos alimentos orgânicos, ver: <https://de.statista. om/statistik/daten/stcudie/360581/umfrage/marktanteil-von-biolebensmitteln-in-deutschland/>. Sobre a fatia de mercado de carne orgânica, ver: <https://www.fleischwirtschaft.de/wirtschaft/nachrichten/Bio-Markt-Der-Umsatz-waechst-38580?crefresh=1>. Acesso em: 5/10/2021.
12. The Lancet Planetary Health (org.), "More than a Diet", fevereiro 2019, v.3, Iss. 2. Disponível em: <https://www.thelancet.com/journals/lanplh/article/PIIS2542-5196%2819%2930023-3/fulltext>. Acesso em: 5/10/2021.

13. Sobre gastos com alimentação, ver: <https://de.statista.com/statistik/daten/studie/75719/umfrage/ausgaben-fuer-nahrungsmittel-in-deutschland-seit-1900/>. E, sobre as mudanças nos gastos com moradia, ver: <https://makronom.de/wie-die-veraenderung-der-wohnaus-gaben-die-ungleichheit-erhoeht-hat-28291>. Acesso em: 5/10/2021.

9. Equidade

1. Stefan Gössling, "Celebrities, air travel, and social norms" [Celebridades, tráfego aéreo e normas sociais], *ScienceDirect*, n. 79, novembro 2019. Disponível em: <https://www.sciencedirect.com/science/article/abs/pii/S016073831930132X>. Acesso em: 5/10/2021.
2. O estado atual do chamado relógio de CO_2 pode ser conferido no link: <https://www.mcc-berlin.net/de/forschung/co2-budget.html>. Acesso em: 5/10/2021.
3. A lista da *Forbes* pode ser encontrado no link: <https://www.forbes.com/billionaires/#36ccf2b9251c>. Acesso em: 10/05/2021.
4. Cf. os resultados do estudo de Dan Ariely, "Americans Want to Live in a Much More Equal Country" [Os americanos gostariam de viver em um país mais igualitário], *The Atlantic*, 2/8/2018. Disponível em: <https://www.theatlantic.com/business/archive/2012/08/americans-want-to-live-in-a-much-more-equal-country-they-just-dont-realize-it/260639/>; e <http://danariely.com/2010/09/30/wealth-inequality/>. Acesso em: 6/1/2020.
5. Os números são do economista Gabriel Zucman, que pesquisa a desigualdade. Um resumo em: Pedro da Costa, "Wealth Inequality Is Way Worse Than You Think, And Tax Havens Play A Big Role", *Forbes*, 12/2/2019. Disponível em: <https://www.forbes.com/sites/pedrodacosta/2019/02/12/wealth-inequality-is-way-worse-than-you-think-and-tax-havens-play-a-big-role/#1672b3ceeac8>. Acesso em: 5/10/2021.

6. Ver relatório no site: <https://wir2018.wid.world/>. Acesso em: 5/10/2021.
7. Idem.
8. Cf. <https://www.forbes.com/sites/pedrodacosta/2019/02/12/wealth-inequality-is-way-worse-than-you-think-and-tax-havens-play-a-big-role/#1672b3ceeac8>. Acesso em: 5/10/2021.
9. Cf. Mark Curtis, "Gated Development: Is the Gates Foundation Al- ways a Force for Good?", Global Justice Now (org.), junho 2016. Disponível em: <https://www.globaljustice.org.uk/sites/default/files/files/resources/gjn_gates_report_june_2016_web_final_version_2.pdf>. Resumo em alemão do estudo em <https://www.heise.de/tp/features/Bill-Gates-zwischen-Schein-und-Sein-3378037.html>. Acesso em: 5/10/2021.
10. Ver a palestra de Anand Giridharadas no Aspen Institute's Action Forum em 29 de julho de 2015: Anand Giridharadas, "The Thriving World, the Wilting World, and You", Medium.com, 1/8/2015. Disponível em: <https://medium.com/@AnandWrites/the-thriving-world-the-wilting-world-and-you-209ffc24ab90>. Acesso em: 5/10/2021.
11. Jeff Cox, "CEOs see pay grow 1,000 % in the last 40 years, now make 278 times the average worker" [CEOs tiveram aumento de 1000% nos últimos 40 anos e ganham 278 vezes mais do que um trabalhador médio], CBNC, 16/8/2019. Disponível em: <https://www.cnbc.com/2019/08/16/ceos-see-pay-grow-1000percent-and-now-make-278-times-the-average-worker.html>. Acesso em: 5/10/2021.
12. World Resources Institute (org.), "Cumulative CO_2-Emissions 1850-2011 (% of World Total) [Emissões acumuladas de CO_2 1850-2011 em% do total mundial]. Disponível em: <https://wriorg.s3.amazonaws.com/s3fs-public/uploads/historical_emissions.png>. Acesso em: 5/10/2021.
13. Cf. Helmholtz Zentrum für Umweltforschung (org.), "Kohlenstoffbilanz im tropischen Regenwald des Amazonas" [balanço de

carbono na floresta amazônica], 8/11/2019. Disponível em: <https://www.ufz.de/index.php?de=36336&webc_pm=48/2019>. Acesso em: 5/10/2021.

14. Claudia Krapp, "Waldbrände mit ›ungewöhnlichen‹ Folgen" [Incêndios florestais com consequências incomuns], *Forschung und Lehre*, 15/10/2019. Disponível em: <https://www.forschung--und-lehre.de/forschung/waldbraende-mit-ungewoehnlichen-folgen-2213/>. Acesso em: 5/10/2021.

15. Cf. Philipp Henrich, "Exportmenge der führenden Exportländer von Rindfleisch weltweit in den Jahren 2015 bis 2020" [Volume exportado de carne bovina nos principais países exportadores, 2015-2020], *Statista*, 18/10/2019. Disponível em: <https://de.statista.com/statistik/daten/studie/245664/umfrage/-fuehrende-exportlaender--von-rindfleisch-weltweit/>. Acesso em: 5/10/2021.

16. Cf. "Infografiken Sojawelten: Die Zahlen" [Infográficos mundos da soja], *transgen*, última atualização em 20/3/2019. Disponível em: <https://www.transgen.de/lebensmittel/2626.soja-welt-zahlen.html>. Acesso em: 5/10/2021.

17. Ha-Joon Chang, *Kicking away the Ladder. Development Strategy in Historical Perspective*. Londres, 2002, p. 129. [Ed. bras.: *Chutando a escada: A estratégia do desenvolvimento em perspectiva histórica*. São Paulo: Unesp, 2004. Trad. Luiz Antonio Oliveira de Araújo.]

18. Oliver Richters, Andreas Siemoneit, *Marktwirtschaft reparieren* [Consertando a economia de mercado], Munique, 2019, p. 158.

19. Daniel Marcovitz, "How Life Became an Endless, Terrible Competition" [Como a vida se tornou uma terrível competição sem fim], *The Atlantic*, setembro 2019. Disponível em: <https://www.theatlantic.com/magazine/archive/2019/09/meritocracys-miserable--winners/594760/>. Acesso em: 6/1/2020.

20. Peter Barnes et al., "Creating an Earth Atmospheric Trust", *Science*, n. 319, 08. 02. 2008, p. 724-726. O artigo pode ser lido por assinan-

tes em: <https://science.sciencemag.org/content/319/5864/724.2>. Acesso em: 6/1/2020.

21. Michael Sauga, "Forscher halten Systemwechsel für nötig", *Spiegel*, 12/7/2019. Disponível em: <https://www.spiegel.de/wirtschaft/soziales/klimasteuer-der-co2-preis-soll-nicht-die-staatskasse-fuellen-a-1276939.html>. Acesso em: 5/10/2021.

22. Agora Energiewende e Agora Verkehrswende, "Die Kosten von unterlassenem Klimaschutz für den Bundeshaushalt 2018". Disponível em: <https://www.stiftung-mercator.de/media/downloads/3_Publikationen/2018/Oktober/142_Nicht-ETS-Papier_WEB.pdf>. Acesso em: 5/10/2021.

Bibliografia

1. Um convite

Volker Hauff et al. (org.), *Nosso futuro comum* [Relatório Brundtland da Comissão para Meio Ambiente e Desenvolvimento da ONU]. Na versão alemã, Greven 1987, p. 302.

2. Uma nova realidade

Rachel Carson em sua fala de agradecimento pelo National Book Award 1952, ver American Chemical Society (org.), *Legacy of Rachel Carson's Silent Spring*, 26/10/2012. Disponível em: <https://www.acs.org/content/acs/en/education/whatischemistry/landmarks/rachel-carson-silent-spring.html>. Acesso em: 5/10/2021.

3. Natureza e vida

Joseph Stiglitz, "It's time to retire metrics like GDP. They don't measure everything that matters", *The Guardian*, 24/11/2019. Disponível em: <https://www.theguardian.com/commentisfree/2019/nov/24/metrics-gdp-economic-performance-social-progress>. Acesso em: 5/10/2021.

4. Ser humano e comportamento

Joseph A. Tainter, *The Collapse of Complex Societies*, Cambridge 1988, p. 50.

5. Crescimento e desenvolvimento

John Robert McNeill apud Jeremy Lent, *The Patterning Instinct*, Amherst 2017, p. 398.

6. Progresso tecnológico

Jeremy Lent, *The Patterning Instinct*, Amherst, 2017, p. 378.

7. Consumo

Em sua coluna Paragraphs no jornal *The Detroit Free Press*, de 4/6/1928, o humorista Robert Quillen descreveu o "Americanismo".

8. Mercado, Estado e bem comum

Eric Liu e Nick Hanauer, "Complexity Economics Shows Us Why Laissez-Faire Economics Always Fails", *Evonomics*, 21/2/2016. Disponível em: <https://evonomics.com/complexity-economics-shows-us-that-laissez-faire-fail-nickhanauer/>. Acesso em: 5/10/2021.

9. Equidade

Anand Giridharadas, em uma palestra no *Aspen Institute's Action Forum* em 29/7/2015, cf.: Anand Giridharadas, "The Thriving World, the Wilting World, and You". *Medium.com*, 1/8/2015. Disponível em: <https://medium.com/@AnandWrites/the-thriving-world-the-wilting--world-and-you-209ffc24ab90>. Acesso em: 5/10/2021.

10. Pensar e agir

Maria Popova, "How We Spend Our Days Is How We Spend Our Lives: Annie Dillard on Choosing Presence Over Productivity", *Brainpickings*, 7/6/13. Disponível em: <https://www.brainpickings.org/2013/06/07/annie-dillard-the-writing-life-1/>. Acesso em: 5/10/2021.

Apesar de intensos esforços, não foi possível identificar todos os detentores de direitos das citações. Pedimos que entrem em contato com o editor, se necessário.

Algumas organizações e redes da sociedade civil

Você encontra aqui uma pequena seleção de opções para se informar mais ou participar de alguma iniciativa ou organização. Tentei incluir diversas áreas, porque cada um(a) de nós tem inclinações e possibilidades diferentes. Geralmente prefiro propor plataformas em lugar de iniciativas isoladas, para que você tenha mais opções de escolher.

Para continuar pensando

Tim Jackson, *Wohlstand ohne Wachstum — das Update* [Bem-estar sem crescimento, um update], Munique, 2017.
Um clássico, que marcou o debate de maneira relevante. Atualmente, Tim Jackson continua com os seus colegas no Center for the Understanding of Sustainable Prosperity (CUSP) na Sussex University.
https://www.cusp.ac.uk/

Kate Raworth, *Die Donut-Ökonomie: Endlich ein Wirtschaftsmodell, das den Planeten nicht zerstört* [Economia Donut: Sete maneiras de pensar como um economista do século XXI], Munique, 2018.
O símbolo da rosquinha provocou debates em 2012 sobre economia verde no nível das Nações Unidas, e nesse livro Kate Raworth apresenta uma nova economia.
www.doughnuteconomics.org

Pavan Sukhdev, Corporation, 2020: *Warum wir Wirtschaft neu denken müssen* [Por que devemos repensar a economia], Munique, 2013.

Ex-economista do Deutsche Bank e atual presidente do WWF, Sukhdev iniciou o estudo sobre Economia de Ecossistemas e Biodiversidade na ONU (TEEB) e depois focou na reforma de estruturas empresariais rumo à sustentabilidade.

John Fullerton, *Finance for a Regenerative World*, Capital Institute 2019-2021.

O ex-banqueiro de investimento fundou uma *think tank* que transfere os princípios regenerativos de sistemas biológicos para o design de soluções econômicas, incluindo a reinvenção do sistema financeiro.
https://capitalinstitute.org/regenerative-finance-2/

Maja Göpel, *The Great Mindshift. How Sustainability Transformations and a New Economic Paradigm Go Hand in Hand,* Heidelberg 2016.

Livro com enfoque científico, associando a pesquisa da transformação a conceitos de sustentabilidade, usado para treinamento no System Innovation Lab 2016.
www.greatmindshift.org

O manual do Lab
https://epub.wupperinst.org/frontdoor/index/index/docId/6538

Wellbeing Economy Alliance
Rede global de organizações e indivíduos que pesquisam, publicam, se organizam e se conectam rumo a uma economia a serviço da natureza e do ser humano. Há países que já adotam uma nova forma de medir o bem-estar e que fazem parte da rede.
www.wellbeingeconomy.org

ALGUMAS ORGANIZAÇÕES E REDES DA SOCIEDADE CIVIL

Forum for a New Economy
    Plataforma para uma nova economia
    https://newforum.org

Evonomics (revista on-line)
    The Next Evolution of Economics
    www.evonomics.com

Para continuar agindo:

Consumo e dia a dia

Produtos sustentáveis:

Utopia — Consultoria e artigos básicos para uma vida mais sustentável:
    www.utopia.de

Avocadostore — Comércio on-line com marcas sustentáveis:
    www.avocadostore.de

Greenpeace — Informações sobre política e práticas agrícolas:
    https://www.greenpeace.de/themen/landwirtschaft

Dinheiro como instrumento:

Fair Finance Guide — Informações sobre as práticas dos bancos:
    www.fairfinanceguide.de

Forum Nachhaltige Geldanlage — Informações sobre investimentos sustentáveis:
    www.forum-ng.org

Finanzwende — Engajamento dos cidadãos para transformar as condições de investimento:
 www.finanzwende.de

Viajar de maneira sustentável:

Forum Anders Reisen:
 www.forumandersreisen.de

Atmosfair para compensar CO_2:
 www.atmosfair.de

Empresas e organizações

Balanços melhores:

Economia do bem-estar:
 www.ecogood.org

Benefit Corporations:
 www.bcorporation.eu

Global Compact — Bússola para metas globais de sustentabilidade:
 www.sdgcompass.org

Novas formas de organização:

Regionalwert AG — Sociedades por ação de cidadãos para reunir os fornecedores de capital e a economia sustentável regional em toda a Alemanha:
 www.regionalwert-treuhand.de

Purpose Stiftung — Responsabilidade conjunta como forma jurídica para orientar os trabalhadores nas empresas:
   www.purpose-economy.org
   www.entrepreneurs4future.de

Responsabilidade política:

Stiftung 2 Grad — Empresas reivindicam regulamentação política para proteger o clima:
   www.stiftung2grad.de

Global Alliance for Banking on Values — Esclarecimentos dos bancos sobre regulamentações necessárias:
   www.bankingonvalues.org

Multiplicadores

Educação:

Global Goals Curriculum para atingir as metas globais de sustentabilidade com o *OECD Learning Compass 2030*:
   www.ggc2030.org
   www.oecd.org/education/2030-project

Mídia:

Perspective Daily:
   www.perspective-daily.de

Enorm — Revista sobre responsabilidade social:
   www.enorm-magazin.de

Neue Narrative — Revista sobre novas formas de trabalho:
www.neuenarrative.de

Para continuar reestruturando

Uma economia cíclica coerente:

Ellen MacArthur Foundation:
www.ellenmacarthurfoundation.org

Cradle to Cradle:
www.c2c-ev.de

Ação política local:

German Zero:
www.germanzero.de

Ecovillages — Estratégias globais de comunidades em rede para desenvolvimentos regenerativos:
www.ecovillage.org

Agricultura sustentável:
www.solidarische-landwirtschaft.org

Transition Towns — Rede internacional:
www.transitionnetwork.org

C40 Cities — Rede de grandes cidades para proteger o clima:
www.c40.org

ALGUMAS ORGANIZAÇÕES E REDES DA SOCIEDADE CIVIL

Ação política no nível nacional e europeu:

Deutscher Naturschutz Ring:
https://www.dnr.de/sozial-oekologische-transformation/?L=46

Estratégia de sustentabilidade na Alemanha:
www.dieglorreichen17.de

Diálogo *Gut Leben in Deutschland*:
www.gutlebenindeutschland.de

SDG Watch — Observatório da sociedade civil para a concretização das metas de sustentabilidade:
www.sdgwatcheurope.org

European Progressives — Sustainable Equality 2019—2024 Report:
https://www.progressivesociety.eu/publication/report-independent-commission-sustainable-equality-2019-2024

Club of Rome — Planetary Emergency Plan:
https://www.clubofrome.org/2019/09/23/planetary-emergency-plan/

WWWforEurope — Projeto de pesquisa sobre bem-estar, prosperidade e trabalho para a Europa, com ideias para uma nova competitividade:
https://www.wifo.ac.at/forschung/forschungsprojekte/wwwforeurope

Inovação social:

Progressiven Zentrums:
https://www.progressives-zentrum.org/innocracy2019/

Nesta Foundation, Londres:
www.nesta.org.uk

No Brasil

Consumo sustentável:

Instituto Akatu
Fundado em 2001, promove ações para sensibilizar, educar e mobilizar a sociedade para um consumo consciente e de melhor impacto, sem excessos ou desperdícios, a adoção de estilos sustentáveis de vida e uma produção responsável.
https://akatu.org.br/

Mudança sistêmica:

Greenpeace Brasil
Campanhas e ações de conscientização pública, mobilização social e articulação social para diversas causas a fim de denunciar crimes ambientais e confrontar governos e empresas que ameaçam o meio ambiente.
https://www.greenpeace.org/brasil/

Conservação da biodiversidade:

WWF Brasil
Organização da sociedade civil que trabalha em defesa da vida e pretende mudar a atual trajetória de degradação socioambiental. Criada em 1996, atua em todo o Brasil e integra a Rede WWF (Fundo Mundial para a Natureza), presente em mais de cem países.
https://www.wwf.org.br/

ALGUMAS ORGANIZAÇÕES E REDES DA SOCIEDADE CIVIL

Conservação internacional

Projetos em todo o país para preservar áreas prioritárias para pessoas e natureza. Os projetos são desenvolvidos na Amazônia, no Cerrado, na Mata Atlântica e na região de Abrolhos Terra e Mar.

https://www.conservation.org/brasil

Rede Nacional de Combate ao Tráfico de Animais Silvestres (Renctas)

Focada em conservação da biodiversidade, atua desde 1999 e desenvolve ações no país inteiro por meio de parcerias entre iniciativa privada, poder público e terceiro setor.

https://renctas.org.br/

Mata atlântica:

SOS Mata Atlântica

Neste bioma vive mais de 70% da população brasileira. A Mata Atlântica fornece água, produtos agrícolas, lazer e regula o clima. Hoje sobram apenas 12,5% da cobertura florestal original. Aqui você pode conhecer a legislação e se engajar na recuperação da mata.

https://www.sosma.org.br/

Rede Mata Atlântica

Articulação que reúne trezentas organizações da sociedade civil com o objetivo de defender, preservar, conservar e recuperar a Mata Atlântica através da promoção do intercâmbio de informações, da mobilização, da ação política coordenada e do apoio mútuo entre ONGs.

https://www.facebook.com/RedeMataAtlantica

Amazônia:

Rede de Cooperação Amazônica

Congrega catorze organizações com o objetivo de promover a cooperação e a troca de conhecimentos, experiências e capacidades entre

organizações indígenas e indigenistas, para fortalecer a autonomia e ampliar a sustentabilidade e o bem-estar dos povos indígenas no Brasil.
https://rca.org.br/

Saúde & Alegria
Atua desde 1987 na Amazônia, promovendo e apoiando processos participativos de desenvolvimento comunitário sustentável, de forma a gerar benefícios duradouros em organização social, meio ambiente, saúde, educação, economia, cultura e inclusão digital.
https://saudeealegria.org.br/

Clima:

Observatório do Clima
Rede de entidades da sociedade civil para discutir as mudanças climáticas no contexto brasileiro, por meio de encontros com especialistas e da articulação dos diversos atores para pressionar o governo a adotar políticas públicas de mitigação e adaptação à mudança do clima.
http://observatoriodoclima.eco.br/

Instituto Socioambiental (ISA)
A missão da organização é construir soluções sustentáveis que garantam os direitos coletivos e difusos e valorizem a diversidade socioambiental com a ajuda de campanhas e redes. https://www.socioambiental.org/pt-br

Empresas:

Conselho Empresarial Brasileiro para o Desenvolvimento Sustentável (CEBDS)
Fundado em 1997 com o objetivo de promover as boas práticas do desenvolvimento sustentável na área empresarial, reúne hoje cerca de setenta das maiores empresas do país, com faturamento total equivalente a cerca de 45% do PIB e responsáveis por mais de 1 milhão de empregos.
https://cebds.org/

Este livro foi composto na tipografia
Granjon LT Std, em corpo 12/15,9, e impresso
em papel off-white no Sistema Cameron da
Divisão Gráfica da Distribuidora Record.